Persönlichkeitsspaltung in Literatur und Film

Europäische Hochschulschriften
Publications Universitaires Européennes
European University Studies

Reihe I
Deutsche Sprache und Literatur

Série I Series I
Langue et littérature allemandes
German Language and Literature

Bd./Vol. 1971

PETER LANG
Frankfurt am Main · Berlin · Bern · Bruxelles · New York · Oxford · Wien

Volker Pietsch

Persönlichkeitsspaltung in Literatur und Film

Zur Konstruktion dissoziierter Identitäten in den Werken E. T. A. Hoffmanns und David Lynchs

PETER LANG
Internationaler Verlag der Wissenschaften

Bibliografische Information der Deutschen Nationalbibliothek
Die Deutsche Nationalbibliothek verzeichnet diese Publikation in der Deutschen Nationalbibliografie; detaillierte bibliografische Daten sind im Internet über <http://www.d-nb.de> abrufbar.

Gedruckt auf alterungsbeständigem,
säurefreiem Papier.

ISSN 0721-3301
ISBN 978-3-631-58268-8

Printed in Germany 1 2 3 4 5 7

www.peterlang.de

INHALTSVERZEICHNIS

DANKSAGUNG

Zwar gelang es mir nicht, einen eigenen Doppelgänger abzuspalten, der mir das Schreiben abgenommen hätte, dafür möchte ich an dieser Stelle die sehr vollständigen Persönlichkeiten ehren, ohne die dieses Buch nie entstanden wäre.

Mein herzlicher Dank gilt:

Prof. Dr. Elisabeth K. Paefgen für ihre inspirierende, ermutigende und sorgfältige Betreuung.

Prof. Dr. Ingrid Kasten für ihre spontane und zugleich umsichtige Unterstützung.

Christian Malycha für sein souveränes und nobles Krisenmanagement.

Katrin Dillkofer und Dr. Stefanie Pietsch für ihre klugen, ebenso kritischen wie anregenden Kommentare.

Jürgen und Margarete, Gertrud, Ulrich und Anne-Katrin Pietsch für ihren geduldigen Beistand – nicht nur als Sponsoren.

Lara Ehlert und Michael „Chasuble" Wirth für genug Initialzündungen, um manch stereotype Denkart zu sprengen.

Und
Julia Endler für eine wunderschöne Perspektive.

EINLEITUNG

1. Die Entwicklung der Fragestellung

Aber es war dir, als müsstest du nun gleich im ersten Wort alles Wunderbare, Herrliche, Entsetzliche, Lustige, Grauenhafte, das sich zugetragen, recht zusammengreifen, sodass es, wie ein elektrischer Schlag, alle treffe.[1]

A beginning is a very delicate time.[2]

Die Vielseitigkeit einer Geschichte in *einem* Wort zu binden – dieses Wort müsste schon magisch sein, wie Novalis' geheimes Wort[3] oder das Zauberwort Eichendorffs[4]. Die technische Aufgabe aber, jene Vielseitigkeit wenigstens in einem Text zu vermitteln, wird in den Werken E.T.A. Hoffmanns immer wieder thematisiert. So klagt der Erzähler in „Der goldne Topf" über sein diesbezügliches Unvermögen:

> „Aber vergebens blieb alles Streben, dir, günstiger Leser, all die Herrlichkeiten [...] auch nur einigermaßen in Worten anzudeuten. Mit Widerwillen gewahrte ich die Mattigkeit jedes Ausdrucks."[5]

Auch in „Der Sandmann" glaubt der Erzähler an der Inadäquatheit sprachlicher Wiedergabe verzweifeln zu müssen:

> „Mir kam keine Rede in den Sinn, die nur im mindesten etwas von dem Farbenglanz des innern Bildes abzuspiegeln schien."[6]

Das perzipierbare Bild wird als Ideal und scheinbar unverschlüsseltes Original dem allzu abstrakten Wort vorgezogen.

Diese Studie wird sich mit folgenden Fragen befassen:

---

1 Hoffmann, E.T.A.: Der Sandmann. In: E.T.A. Hoffmanns sämtliche Werke. Historisch-kritische Ausgabe. Dritter Band. Nachtstücke. Herausgegeben von Carl Georg von Maaßen. München/ Leipzig 1909. S. 18.

2 Der Wüstenplanet (Dune). USA, 1984. Regie: David Lynch.

3 Novalis: Wenn nicht mehr Zahlen und Figuren... In: Sämtliche Werke. Zweiter Band. Herausgegeben von Ernst Kamnitzer. München 1923. S. 63.

4 Eichendorff, Joseph Freiherr von: Wünschelrute. In: Werke und Schriften. Erster Band. Gedichte. Epen. Dramen. Herausgegeben von Gerhard Baumann. Stuttgart 1957. S.112.

5 Hoffmann, E.T.A.: Der goldne Topf. S. 332. In: E.T.A. Hoffmanns sämtliche Werke. Historisch-kritische Ausgabe. Erster Band. Fantasiestücke in Callots Manier. Herausgegeben von Carl Georg von Maaßen. München/Leipzig 1908. S. 232.

6 Der Sandmann. S. 19.

1. Kann die Filmkunst jene Wirkung, die Hoffmanns Erzählerfiguren immerzu beschwören, realisieren?
2. Sind die wirkungsästhetischen Erwägungen der Erzählerfiguren vor einem medienhistorischen Hintergrund zu betrachten oder drückt sich in ihnen ein zeitübergreifendes Problem aus? Oder trifft beides zu?
3. Ist diese Wirkung als ästhetisches Ziel überhaupt mit der Weltsicht in Hoffmanns Werken vereinbar?

Ob sich aus den Geschichten Hoffmanns also tatsächlich die Aussage einer solchen Präferenz des Bildes ziehen lässt, diese Frage sei hier vorerst noch aufgeschoben. Die Autor- und Herausgeberfiguren in ihnen jedoch trachten danach, ihre Leser von der Wahrheit ihrer Erzählungen zu überzeugen. Freilich handelt es sich dabei um die subjektive Wahrheit eines „innern Bildes" handelt. So wie etwa Nathanael, der Protagonist des „Sandmanns", wünscht, seine Perspektive auf den Briefadressaten übertragen zu können – „Wärst du nur hier, so könntest du selbst schauen..."[7] –, so versuchen auch die Hoffmannschen Erzähler, die Skepsis ihrer Leser zu überwinden und hoffen, dies auf dem Wege einer möglichst bildhaften Erzählweise leisten zu können:

> „Du suchst und suchst, und stotterst und stammelst, und die nüchternen Fragen der Freunde schlagen, wie eisige Windhauche, hinein in deine innere Glut, bis sie verlöschen will. Hattest du aber, wie ein kecker Maler, erst mit einigen verwegenen Strichen, den Umriss deines innern Bildes hingeworfen, so trugst du mit leichter Mühe immer glühender und glühender die Farben auf und das lebendige Gefühl mannigfacher Gestalten riss die Freunde fort und sie sahen, wie du, sich selbst mitten im Bilde, das aus deinem Gemüt hervorgegangen!"[8]

Hoffmanns Erzähler haben also den Ehrgeiz, erstens verschiedene Aspekte der von ihnen geschilderten Welt simultan zu erfassen und zweitens die Distanz dieser Welt zu ihren Rezipienten aufzulösen. Zunächst wird „das Ziel des Erzählens sprachlich als optisches Phänomen"[9] codiert. Dieser Absicht entspricht noch die Referenz auf das Gemälde, kann es doch mehrere Zeichen in einem Ausdruck vereinen. Da eine Geschichte sich aber linear entwickeln muss[10], müssen sich auch die Bilder bewegen. Die Erzähler wollen daher eine nahezu dreidimensionale Welt gestalten, welche die Leser als virtuellen Raum betreten können. Näher noch als die Bildergeschichte kommt diesem Ideal die Lochkamera, die dem Abbild eines Raumes den Anschein von Dreidimensionalität verleiht:

---

7 Der Sandmann. S. 3.

8 Der Sandmann. S. 18

9 Hohoff, Ulrich: E. T. A. Hoffmann: Der Sandmann. Textkritik, Edition, Kommentar. Berlin; New York 1988. S. 345.

10 Das gilt auch dann, wenn der *Discours* in der *Histoire*-Zeit vor und zurück springen sollte.

„Entschließest du dich aber, mit dem Medardus, als seist du sein treuer Gefährte, [...] durch die bunte – bunteste Welt zu ziehen, und mit ihm das Schauerliche, Entsetzliche, Tolle, Possenhafte seines Lebens zu ertragen, so wirst du dich vielleicht an den mannigfachen Bildern der Camera obscura, die sich dir aufgetan, ergötzen."[11]

Solche Passagen werfen die Frage auf, ob hier ein kommunikativer Mangel der Schrift artikuliert wird. Erscheint die Literatur bei Hoffmann nur als Notbehelf bis zur Entwicklung und Verbreitung effektiverer Medien? Immerhin suchte Hoffmann durch Illustrierung seiner eigenen Werke offensichtlich deren Wirkungskraft zu steigern. Paul-Wolfgang Wührl meinte sogar, in der Erzählstruktur des „goldnen Topfes" eine Vorwegnahme der Kamerafahrt und der Filmmontage zu erkennen:

„Als Anselmus [...] davonrennt, verfolgt ihn der Erzähler [...] mit einer Filmkamera durch die Allee bis zum Linkischen Bad. [...] Das weite Elbpanorama versinkt, die Blende der 'Einstellung' verengt sich und konzentriert sich auf ein groß herausgehobenes Detail. Anselmus' Blick fixiert ein einziges Augenpaar. [...] Szenen wie diese, die durch 'Blickführung' das ausschnitthafte filmische Sehen vorwegnimmt, belegen, wie modern Hoffmann im 'Goldnen Topf' erzählt."[12]

Wenn Literaturwissenschaftler von einer „filmischen" Literatur sprechen, so wird der Vergleich meist auf die Schilderung äußerer Abläufe angewandt, so wie hier auf die erzählerische Überwindung einer Distanz zwischen zwei Orten oder zwei Grössen. Ein „filmisches" Erzählen ist jedoch selten so positiv besetzt wie bei Wührl, in der Regel gilt es als Ausweis oberflächlicher Trivialliteratur:

„in einem Bestseller wie *Die Firma* von John Grisham scheint bereits alles auf die Verfilmung hingeschrieben. In einem unterkühlten Stil konzentriert sich der Autor nur auf äußere Abläufe. [...] Dies ist sozusagen die amerikanische, die mechanische Variante des Raumaspektes von literarischer Fiktion [...] Der offene, vielfältige Erfahrungsraum, in dem die Worte sich entfalten könnten, schnurrt zusammen auf technisch vorgeformte Normen."[13]

Zwar werben die Verlage um ihr Lesepublikum mit Versprechen à la „Ein Roman wie großes Kino".[14] Zwischen großen Teilen der Theoretiker beider Künste herrschte jedoch lange Zeit über ein regelrechter Krieg um die Reinhaltung der Literatur von filmischem Einfluss und umgekehrt. Der Drehbuchautor Willy Haas

11 Hoffmann, E.T.A.: Die Elixiere des Teufels. In: E.T.A. Hoffmanns sämtliche Werke. Historisch-kritische Ausgabe. Zweiter Band: Die Elixiere des Teufels. Herausgegeben von Carl Georg von Maassen. München; Leipzig 1908. S. 4.

12 Wührl, Paul-Wolfgang: E. T. A. Hoffmann. Der goldne Topf. Die Utopie einer ästhetischen Existenz. Paderborn; München; Wien; Zürich 1988. S. 45. Vgl. Der goldne Topf. S. 5-11.

13 Bronow, Jochen: Sprechende Bilder und sichtbare Worte oder Die schwarze Leinwand. In: Ernst, Gustaf (Hg.): Sprache im Film. Wien 1994. S. 15.

14 Werbung des Aufbau-Verlages zu Dave Kings Roman „Homecoming". In: Der SPIEGEL 15/2006. S. 196.

kommentierte solche Auseinandersetzungen anlässlich der ersten Tonfilme wie folgt: Früher habe man das Kino abgelehnt, „weil dem Film das gesprochene Wort fehlt, in welchem all das Dichterische des Dramas enthalten sei. Nun haben wir es – und nun machen sie 'Fronten` dagegen, weil wir es haben!“[15] Viele Filmschaffende meinten, gerade die Fähigkeit des Films, seine Bedeutungen allein über bewegte Bilder zu generieren, definiere ihn als Medium. So bewunderte Alfred Hitchcock „Der letzte Mann“[16] von 1924 als „...almost the perfect film. It told its story even without subtitles – from beginning to end entirely by the use of imagery...”[17] Chaplins erste Tonfilme, die er als Zugeständnis an den Publikumsgeschmack drehte, sind noch voller Polemiken gegen die verbale Sprache, wenn aus den Mündern der Figuren schnatternde Trompeten[18], babylo-nisches Pseudo-Esperanto[19] oder hasserfülltes Bellen[20] erklingt. Bei dieser Aversion handelte es sich jedoch nicht allein um ein letztes Aufbäumen gegen den Tonfilm. Allzu große Dialog- oder Schriftlastigkeit wird bis heute oft negativ vermerkt. So tadelte etwa Robert Fischer 1992 den Regisseur und Drehbuchautor David Lynch, weil dieser zu Beginn seines Science-Fiction-Epos „Dune“ darauf zurückgriff, durch eine Erzählerstimme „...Namen und Begriffe [...] dem hoffnungslos überforderten Zuschauer [...] in Rekordzeit einzuimpfen...“[21], „...die schwerfälligste und unfilmischste aller Lösungen.“[22]

Der Erzähler in „Der Sandmann“ befürchtet zu Beginn seiner Ausführungen, der erste Satz biete nicht genug „Platz“, um den Lesern anschaulich die Atmosphäre der folgenden Geschichte zu vermitteln. In der ersten Sequenz von „Dune“ ist also das entgegengesetzte Prinzip wirksam: Das ursprüngliche Bildmedium bedient sich einer direkten Anrede des Publikums, um möglichst knapp das Beziehungsgeflecht eines ganzen Universums zu erläutern. In „Lost Highway“[23], einem bei Kritik und Publikum erfolgreicheren Film desselben Regisseurs dagegen scheinen Sprache und Literatur elf Jahre nach „Dune“ nur noch ihr kommunikatives Versagen mitzuteilen. Die quälenden Gespräche zwischen den Eheleuten Renee und Fred kommen über ein rein akustisches Verstehen nicht mehr hinaus und:

---

15 Haas, Willy: Wortdichtung im Film? In: Die Literarische Welt vom 27. 7. 1928. Zitiert nach: Willy Haas: Der Kritiker als Mitproduzent. Texte zum Film 1920 – 1933. Berlin 1991. S. 216.

16 Der letzte Mann. Deutschland, 1924. Regie: Fritz Lang.

17 Hitchcock, Alfred, zitiert nach: Donald Spoto: The Dark Side of Genius: The Life of Alfred Hitchcock. New York 1983. S. 75.

18 Lichter der Großstadt. City Lights, USA, 1931. Regie: Charles Chaplin.

19 Moderne Zeiten. Modern Times, USA, 1936. Regie: Charles Chaplin.

20 Der große Diktator. The Great Dictator, USA, 1940. Regie: Charles Chaplin.

21 Fischer, Robert: David Lynch. Die dunkle Seite der Seele. München 1992. S. 93.

22 Ebd. S. 103.

23 Lost Highway. USA, 1996. Regie: David Lynch.

> „Wenn Renee zu Beginn des Films zu Fred sagt, daß sie nicht in den Club mitkommt […], sondern statt dessen zuhause bleibt und lesen will, entgegnet er mit verblüffter Stimme: 'Read!? Read!? Read what, Renee?' Ein Insider-Witz und ein Metakommentar, der deutlich von einem jungen Kinopublikum in einer Kultur aufgegriffen wird, die nicht zuallererst eine des Buches, sondern eine der Bilder und der Töne ist."[24]

Die Verdrängung der apperzeptiveren Schrift- durch die „oberflächlichen", weil „perzeptiven" Bild- und Tonmedien – vor ihr warnen Kultur- und Erziehungspolitiker aller Parteien und in dieser Furcht liegt auch die meist eher assoziativ als medienwissenschaftlich fundierte Verbindung oberflächen- und aktionsorientierten Erzählens mit dem Attribut „filmisch" begründet.

Das Paradoxe ist nun, dass Hoffmanns Werke trotz der mediensprengenden Wunschträume ihrer Erzähler, trotz der durch Wührl behaupteten Vorwegnahme der cinematographischen Mittel, keineswegs oberflächliche, äußere Aktion schildern. Vielmehr sind ihre Handlungsträger so zerrissen zwischen isolierter Subjektivität und positivistischer Gesellschaft, ja zwischen verschiedenen Konstruktionen von Wirklichkeit im eigenen Innern, dass der Leser kaum hoffen könnte, als „Augenzeuge" und „treuer Gefährte" eines Protagonisten sich mit diesem auf dieselbe Wahrnehmung einigen zu können.

Die folgende Untersuchung wird daher eine bestimmte Auswahl an Filmen zum Vergleich heranziehen. Diese Filme müssen mit ihren mediumspezifischen Mitteln eine Subjektivität konstruieren, welche jener der Hoffmannschen Figuren gleicht: Verwirrende, in sich widersprüchliche Perspektiven, die Perspektiven dissoziierter Persönlichkeiten also.

2. Forschungsstand und Methode

Die Begleitliteratur hat bislang drei Verbindungslinien zwischen E. T. A. Hoffmann und konkreten Spielfilmen erkannt.

Zunächst sind da jene Filme zu nennen, die sich ausdrücklich auf Hoffmann als Vorlage berufen. Bei den Veröffentlichungen zu ihnen handelt es sich im Wesentlichen um Kritiken, dabei überwiegend Verrisse. Die Verfilmung von „Die Elixiere des Teufels"[25] von 1976 etwa „bleibt eindimensional und läßt die Kühnheit der vielschichtigen Vorlage vermissen"[26], so der film-dienst, „Das Fräulein von Scuderi"[27] sei „relativ arm an Stimmung, Spannung und Poesie"[28] und auch

---

24 Jerslev, Anne: „You'll never have me." Visualität und 'gendered meaning' bei David Lynch. Aus dem Dänischen von Lars Worgull. In: Pabst, Eckhard (Hrsg.): „A Strange World". Das Universum des David Lynch. Kiel 2005. S. 197.

25 Die Elixiere des Teufels. BRD 1976. Regie: Manfred Purzer.

26 Katholisches Institut für Medieninformation und Katholische Filmkommission für Deutschland (Hrsg.): Lexikon des internationalen Films auf CD-Rom. Köln; Bonn 1996.

27 Das Fräulein von Scuderi. DDR; Schweden 1955. Regie: Eugen York.

28 Lexikon des internationalen Films auf CD-ROM.

„Cardillac“[29], immerhin ein frühes Projekt des mittlerweile renommierten Autorenfilmers Edgar Reitz, wird als „kein rundum gelungener Film“[30] bewertet. Eine Ausnahme bildet „Hoffmanns Erzählungen“[31], der 1951 mit einem Silbernen Bären ausgezeichnet wurde. Jedoch handelt es sich hier um eine Kinoversion der Offenbachschen Oper, während sich die folgende Analyse mit dem Verhältnis zwischen Literatur und Film befassen wird. Die direkten Hoffmann-Verfilmungen aber waren nicht nur bei der Kritik, sondern auch beim breiten Publikum erfolglos, wobei gerade die aufwändigste und am deutlichsten kommerziell ausgerichtete Produktion, die westdeutsche Fassung von „Die Elixiere des Teufels“, „an der Kasse ungeheuerlich floppte“.[32] Die Adaptionen, obwohl 38 an der Zahl, blieben also ohne erkennbaren Einfluss auf die Filmgeschichte und sind heute weit gehend vergessen, so auch in der wissenschaftlichen Literatur.

Diese Arbeit wird der Frage nachgehen, was zwei Künste im Vergleich zueinander vermögen. Es wäre daher sinnvoll, Beispiele zu wählen, deren Urheber auch in der Lage waren, alle Möglichkeiten ihres Mediums auszuschöpfen. Die beiden weiteren Relationen Hoffmanns zu Spielfilmen, die sich in der Sekundärliteratur finden, bestehen dafür zu anerkannten Klassikern, nämlich zu „Das Cabinet des Dr. Caligari“[33] und „Blue Velvet“[34], beides allerdings keine unmittelbaren Hoffmann-Adaptionen.

In Kritik und Forschung hat es sich nun mittlerweile durchgesetzt, Literaturverfilmungen qualitativ nicht mehr an ihrer Werktreue zu messen. In der intermedialen Analyse hingegen definiert sich das Wechselverhältnis zwischen Film und literarischer Vorlage darüber, wie Motive der inspirierenden *Story* durch den *Plot* neu strukturiert werden:

> „Vergleiche führen bei Nichtbeachtung der medialen Unterschiede [...] zur Blockade angemessener Fragestellungen. Literarische Werke haben für den Film primär Materialwert.“[35]

Dadurch wird dem Film mindestens dieselbe Freiheit zugestanden oder sogar abgefordert wie der Theaterinszenierung gegenüber dem Drama. Natürlich lassen sich literarische Einflüsse aber nicht nur in Literaturadaptionen nachweisen.

---

29 Cardillac. BRD 1968. Regie: Edgar Reitz.

30 Lexikon des internationalen Films auf CD-ROM.

31 Hoffmanns Erzählungen. The Tales of Hoffmann. England 1951. Regie: Michael Powell und Emeric Pressburger.

32 Hahn, Ronald M. und Volker Jansen: Lexikon des Horror-Films. Bergisch-Gladbach 1989. S. 127.

33 Das Cabinet des Dr. Caligari. Deutschland, 1920. Regie: Robert Wiene.

34 Blue Velvet. USA, 1985. Regie: David Lynch.

35 Kanzog; Klaus: Einführung in die Filmphilologie. Mit Beiträgen von Kirsten Burghardt, Ludwig Bauer und Michael Schaudig. München 1991. S. 17

> „It is often claimed that every work of narrative art can be traced back to merely a handful of stories. Hollywood has turned this handful into more profitable projects than any other industry."[36]

Da nicht nur Hollywood, sondern die gesamte Filmproduktion aus denselben kulturgeschichtlichen „Mythenpools" schöpft wie die Literatur, sind gegenseitige Zitate oder unbewusste Parallelen die Regel.
Obwohl die filmwissenschaftliche Motivforschung selbst noch definitorisch am Anfang steht[37], gibt es bereits Beispiele einer intermedialen Motivforschung, welche sich gegenüber den kulturgeschichtlichen Kompendien dadurch auszeichnet, dass sie die Verwendung der Motive im unlösbaren Bezug auf deren medienspezifische Gestaltung deutet.[38]
Hans Schifferle beschränkt sich in seinem Kanon des Horrorfilms darauf, die Titelfigur von „Das Cabinet des Dr. Caligari", als „hoffmanesk[e]"[39] zu identifizieren. Eine offensichtlich durch dieselben Motive – Doppelleben, geistige Manipulation - und zum Teil ähnliche Figurenkonstellationen begründete Zuordnung, die jedoch im Rahmen von Schifferles knappen Werkeinführungen nicht vertieft wird.
Alice A. Kuzniar dagegen führt einen ausführlichen Vergleich der Aspekte der optischen Wahrnehmung, der Kastration und der Verdoppelung in „Der Sandmann" und „Blue Velvet" durch[40], wobei Sigmund Freuds psychoanalytische Interpretation der „Sandmann"-Novelle[41] zum Angelpunkt wird:

> "Lynch appropriates Hoffmann's logic of pervasive perceptual ambiguity to structure his film, a logic that in both texts manifests itself in the protagonists' fetishism and voyeurism. Indeed, by attending to these two sexual perversions Lynch supplements Freud's focus on castration in *The Sandman*… […] Thus, *Blue Velvet* may contribute to our understanding of Hoffmann's tale. At the same time, *The Sandman* encourages us to trace out analogous structures in *Blue Velvet* that might otherwise not be visible."[42]

---

36 Pietsch, Volker: Body Snatchers. Recycling in Hollywood. In: Christian W. Thomsen und Angela Krewani (Hrsg.): Hollywood. Recent Developments. Stuttgart; London 2005. S. 90.

37 Juhnke, Karl: Filmwissenschaft und oder als Motivforschung. In: Jörg Türschmann und Annette Paatz (Hrsg.): Medienbilder. Dokumentation des 13. Film- und Fernsehwissenschaftlichen Kolloquiums an der Georg-August-Universität Göttingen Oktober 2000. Hamburg 2001.

38 Vgl. zum Beispiel die Ausführungen über Voyeure bei Aichinger und Hitchcock, sowie über Jungen in Initiationsprozessen bei Kaschnitz und Truffaut in: Paefgen, Elisabeth K.: Einführung in die Literaturdidaktik. Stuttgart 2006. S. 180 – 184.

39 Schifferle, Hans: Die 100 besten Horror-Filme. München 1994.

40 Kuzniar, Alice A: 'Ears Looking at You: E. T. A. Hoffmann's The Sandman and David Lynch's Blue Velvet. In: South Atlantic Review. 54 (1989) S. 7 – 21.

41 Vgl. Freud, Sigmund: Das Unheimliche (1919). In: Alexander Mitscherlich, Angela Richards und James Strachey (Hrsg.): Sigmund Freud. Studienausgabe. Band IV: Psychologische Schriften. Frankfurt am Main 1970. S. 241 – 274.

42 Ebd. S. 8.

Kuzniar kommt zu dem Ergebnis, dass weitgehende Übereinstimmungen zwischen den Figurenanordnungen und Handlungsstrukturen der beiden Werke bestehen.
Auch Anne Jerslev betrachtet Lynchs Filme als Ästhetisierung jener Definition des Unheimlichen, welche Freud auf der Basis des Hoffmanschen „Sandmanns" traf.[43] Wie Kuzniar sieht sie die übergreifend wirksamen Motive im Voyeurismus und der infantilen Kastrationsangst. Dabei glaubt sie eine direkte Anspielung auf die Novelle in „Blue Velvet" zu erkennen: Die Setzung des Liebesliedes „In Dreams" als musikalisches Leitmotiv des Filmschurken, wodurch der „candy coloured clown they call The Sandman", von dem der Song erzählt, eine unheimliche Konnotation erhält.[44] Jerslev erhält darin Zustimmung von Didi Neidhart in dessen Artikel über die Funktion der Popsongs in Lynchs Filmen.[45]
Elisabeth K. Paefgen und Ulla Reichelt zeigten im Rahmen einer literaturdidaktischen Kanondiskussion die Gemeinsamkeiten der beiden Werke als ödipale Initiationsgeschichten auf.[46]
Schließlich sprach Chris Rodley den Regisseur in einem Interview direkt auf die freudianischen Interpretationen an, wobei sich Lynch jedoch bedeckt hielt, in der Sorge, die Aussage seiner Filme auf *eine* Lehrmeinung zu verkürzen:

> „[Rodley:] *Besteht das Problem der Freudschen Analyse für Sie darin, daß dieser Ansatz die Tendenz zu der Aussage enthält: 'Dies bedeutet das, weil wir wir alle Teil desselben…*
> [Lynch:] …kollektiven Unbewußten sind. Ja, aber die Sache ist die, wenn zwei Psychoanalytiker zusammenkommen, sind sie sich auch nicht immer einig. Es mag exakte Wissenschaften geben, aber die Seelenheilkunde gehört nicht dazu."[47]

Dennoch glaubt Rodney in Freuds These, das Unheimliche sei die Wiederkehr des Verdrängten[48], auch das Wesen von Lynchs Kino erfasst zu sehen. Er betrachtet Lynchs Filme als Fortsetzung der Werke Hoffmanns und Poes mit ihrer Darstellung der bedrohten häuslichen Idylle, des Doppelgängertums und der mit der Verstädterung aufkommenden Entfremdung von der Natur.[49]
Die Gegenüberstellung Hoffmanns und Lynchs ist für die Aufgabe dieser Arbeit fruchtbar, da sich der Regisseur, anders als Robert Wiene in dem Stummfilm „Das Cabinet des Dr. Caligari", nicht nur der Schrift, sondern auch der Stimmen seiner

---

43 Vgl. Jerslev, Anne: David Lynch. Mentale Landschaften. Aus dem Dänischen von Lise V. Smidth. Wien 1996. S. 30–34 u. S. 45.

44 Ebd. S. 145.

45 Neidhart, Didi: From Blue Velvet Underground to Wild Mainstream. Zur Funktion der Popsongs in den Filmen BLUE VELVET, WILD AT HEART und LOST HIGHWAY. In: Eckhard Papst (Hrsg.): 'A Strange World`. S. 306.

46 Paefgen, Elisabeth K. und Ulla Reichelt: Seh-Schule und lecture-Kanon. Überlegungen zu einer Film-Literatur-Kanonbildung. In: ide – Informationen zur Deutschdidaktik. Heft 4 (2003). S.36 – 44.

47 Rodley, Chris (Hrsg.): I See Myself. Eraserhead. In: Lynch über Lynch. S. 89.

48 Vgl. Freud, Sigmund: Das Unheimliche. S.271.

49 Vgl. Rodley, Chris (Hrsg.): Einleitung des Herausgebers. In: Lynch über Lynch. S. 8 – 9.

Schauspieler bedienen konnte. Und gerade das Verhältnis zur Sprache, das in Lynchs Filmen zum Ausdruck kommt, ist ein umstrittener Gegenstand der Forschung: Während etwa Hans Krah meint, das Sprache „bei Lynch etwas [...] 'Heiliges` [ist], etwas, dem ein Tabu anhaftet und das nicht profanisiert werden darf"[50], glauben sowohl Ralfdieter Füller[51] als auch Anne Jerslev, dass die Filme von einem grundsätzlichen „Misstrauen gegenüber der Verbalsprache als Kommunikationsform"[52] geprägt seien.
Außer der Erfindung des Tonfilms ist das Zeitalter der Digitalisierung von großer Bedeutung für die intermediale Untersuchung: Waren Filme lange Bestandteil eines Jahrmarkts-, Kino-, schließlich Fernseh*programms*[53], sind sie nun über das Internet, Handel und Verleih nahezu jederzeit verfügbar. Viele Kopien, vor allem aus der Stummfilmzeit, sind vernichtet oder verschollen und noch Anfang der 1990er Jahre erstellte man die ersten aufwändigen Digitalisierungen aus Furcht vor der Auflösung des Filmmaterials. Nicht zuletzt bietet die DVD im Gegensatz zum Video auch die Gelegenheit, schnell und gezielt bestimmte Szenen oder Standbilder auszuwählen oder die Synchron- mit der Originalfassung zu vergleichen. Wie Elisabeth K. Paefgen sagte, erreicht der Film mit seiner Digitalisierung nun das Stadium, das für die Literatur der Buchdruck mit beweglichen Lettern bedeutete.[54]
Aus diesem Grund wird diese Arbeit nicht Werner Faulstichs Muster zur Filmanalyse[55] anwenden, auf die bis heute zahlreiche Publikationen zurückgreifen. Faulstich, der auch an einer empirischen Literaturwissenschaft arbeitete[56], begründet seine Methode, den vollständigen Film in Tabellen und einem Sequenzprotokoll zu erfassen, 1980 wie folgt:

> „Im Gegensatz zum Text ist ein Film nicht so einfach verfügbar. [...] Im günstigsten Falle ist man auf die Gutwilligkeit von Filmverleih-Gesellschaften oder auf das aktuelle Fernsehprogramm angewiesen [...] Im Gegensatz zum Text ist ein Film auch nicht so einfach präsent. [...] Zurück'blättern` oder Vergleichen verschiedener Filmteile miteinander ist im Gegensatz zum gedruckten Text mit einem hohen Aufwand an Technik und Zeit verbunden. [...] Man kann nicht innehalten und z. B. ein Detail überdenken"[57]

---

50 Krah, Hans: 'Menschliche Redeakte` und 'wahrhafte Zeichen`. Zum Status von Sprache in den augenscheinlich bild- und blickzentrierten Welten David Lynchs. In: Eckhard Pabst (Hrsg.): 'A Strange World`. S. 246.

51 Vgl. Füller, Ralfdieter: Fiktion und Antifiktion: Die Filme David Lynchs und der Kulturprozeß im Amerika der 1980er und 90er Jahre. Trier 2001. S. 93.

52 Jerslev, Anne: David Lynch. Mentale Landschaften. S. 201.

53 Vgl. Juhnke, Karl: Filmwissenschaft und oder als Motivforschung. In: Jörg Türschmann und Annette Paatz (Hrsg.): Medienbilder. S. 65.

54 Diese Äußerung wird hier nach einem persönlichen Gespräch mit dem Autor wiedergegeben.

55 Vgl. Faulstich, Werner: Einführung in die Filmanalyse. Tübingen 1980.

56 Vgl. Ludwig, Hans-Werner und Werner Faulstich: Erzählperspektive empirisch. Untersuchungen zur Rezeptionsrelevanz narrativer Strukturen. Tübingen 1985.

57 Ebd. S. 119-120.

Der bleibende Wert von Faulstichs Werk besteht darin, ein grundlegendes Instrumentarium empirischer Datenerfassung zu bieten, wenngleich dieses wenigstens teilweise überarbeitet werden muss, insofern es mitunter allzu direkte Schlüsse zwischen Quantität und Qualität zieht. So definiert er „Spannung im Film [...] als eine Kategorie des Verhältnisses von Zahl der Einstellungen pro Segment..."[58] und glaubt auf dieser Basis eine Spannungskurve des Filmes aufstellen zu können. Wie Gerhard Hroß aber zu Recht vermerkt, ist die „Länge von Einstellungen irrelevant für die Spannung. Die vierminütige Einstellung zu Beginn von HALLOWEEN ist ein schlagendes Beispiel."[59] Wie in „Halloween – Die Nacht des Grauens"[60] werden in vielen Filmen nicht nur schnelle Gegenschnitte, sondern auch verzögerte oder besonders schnelle Kamerafahrten, Reißschwenke, Split Screen, Stroboskoplicht, Herztöne im unteren Hörbereich, Staffelungen in der Tiefe des Bildes und andere Mittel zur Spannungssteigerung aufgeboten.[61]

Statt einer statistischen Erhebung wird daher diese Arbeit die Erzähl- bzw. Darstellungsperspektiven des Typusmotivs der dissoziierten Persönlichkeit bei E. T. A. Hoffmann und David Lynch miteinander konfrontieren. In ihrem ersten Teil wird sie auf semiologischer Ebene der Frage nachgehen, inwiefern die Sprache auf Bildern beruht (I. 1.) und sich die Sprache der Literatur und eine eventuelle „Sprache" des Films überhaupt gleichen (I. 2.). Im zweiten Teil werden dann einige Werke Hoffmanns neben einige Werke Lynchs gestellt. In Hoffmanns Fall handelt es sich um „Der Sandmann", sowie um „Der goldne Topf" und „Die Elixiere des Teufels", in Lynchs Fall um die Filme „Blue Velvet", „Wild at Heart – Die Geschichte von Sailor und Lula" und „Lost Highway"[62].

Diese Werke korrespondieren einander insofern, da „Der goldne Topf" und „Der Sandmann" beide Figuren vorstellen, die zwischen zwei Welten hin und her gerissen sind, ebenso wie „Blue Velvet" und „Wild at Heart". In „Die Elixiere des Teufels" auf der einen, „Lost Highway" auf der anderen Seite, scheinen hingegen gespaltene Figuren auf eine möglicherweise noch intakte, wenn auch nicht idyllische Welt zu treffen. Ebenso verhält es sich in Hoffmanns „Das Fräulein von Scuderi"[63] und Lynchs „Mulholland Drive"[64]. Da die größte gehaltliche Schnittmenge jedoch zwischen „Die Elixiere des Teufels" und „Lost Highway" festzustellen ist, gibt diese Arbeit, nicht zuletzt des Umfangs wegen, diesen beiden

58 Ebd. S. 136.

59 Hroß, Gerhard: Escape to Fear. Der Horror des John Carpenter. München 2000. S. 17.

60 Halloween – Die Nacht des Grauens. Halloween. USA, 1978. Regie: John Carpenter.

61 Vgl. die Ausführungen in: Stresau, Norbert: Der Horror-Film. Von Dracula zum Zombie-Schocker. München 1987. S. 24 – 30.

62 Lost Highway. USA, 1996. Regie: David Lynch.

63 Hoffmann, E. T. A.: Das Fräulein von Scuderi. In: E.T.A. Hoffmanns Werke in fünfzehn Teilen. Siebenter Teil. Die Serapionsbrüder – Dritter Band. Herausgegeben von Georg Ellinger. Leipzig 1910. S.168-245.

64 Mulholland Drive. USA, 2000. Regie: David Lynch.

Werken den Vorrang. Auf Hoffmanns Erzählung „Der Doppeltgänger“[65] wurde verzichtet, weil ihre künstlerische Bedeutung vergleichsweise marginaler ausfällt, auf Lynchs „Twin Peaks – Der Film“[66], weil dieser als Prequel einer TV-Serie[67] eine Sonderstellung einnehmen müsste.
Dieser zweite Teil der Arbeit wird zunächst die Konstruktion des Raum-Zeit-Gefüges analysieren, durch welches sich die dissoziierten Persönlichkeiten bei Hoffmann (II. 1.) und Lynch (II. 2.) bewegen und dann untersuchen, mittels was für Techniken jeweils der Eindruck von Subjektivität entsteht (II. 3.). In Teil III. wird die viel zitierte psychoanalytische Interpretation (III. 1.) einer historisch orientierten Lesart (III. 2.) gegenübergestellt, dies unter dem Gesichtspunkt, inwiefern die wirkungs-ästhetischen Überlegungen in Hoffmanns Erzählungen konkret (medien-) historische oder allgemein menschliche Probleme zum Ausdruck bringt.
Vorab noch einige Worte zu David Lynchs Einordnung als „Autor“ seiner Filme. Weit stärker noch als ein literarisches Werk muss ein Film als Kollektivarbeit gelten. Nichtsdestotrotz konzentrierte sich die Autorentheorie, wie sie in den 50er Jahren von der Filmzeitschrift *Cahiers du Cinéma* vertreten wurde, auf den Regisseur. „Die Autorentheorie trägt den romantischen Künstlermythos nach Hollywood…“[68] Das Idealbild eines Regisseurs war für die europäischen Filmschaffenden insbesondere der Nouvelle Vague und des Neuen Deutschen Films freilich der Autorenfilmer, der sich in möglichst vielen Bereichen, insbesondere als Verfasser des Drehbuchs und Kontrolleur der endgültigen Schnittfassung, seinen Einfluss auf das Ergebnis sicherte. David Lynch führte die oben genannten Funktionen bei jedem der hier verhandelten vier Filme aus (während er sich etwa bei der Großproduktion „Dune“ mit seinen Geldgebern auf umfangreiche Kürzungen einigen musste). Zwar basiert „Wild at Heart“ auf einem Roman von Barry Gifford[69], doch sind die Erweiterungen und Änderungen gegenüber der Vorlage so umfangreich, dass sie nur mehr eine von vielen Prägungen ist.[70] Lynch erfüllt deutlich die Kategorien der „Auteur“-Definition, wie sie Andrew Sarris gab[71]: In seinem Oeuvre sind ein persönlicher Stil und ein innerer Sinn sofort ersichtlich. Nicht von ungefähr wirbt die SZ-Kinoredaktion auf dem Cover ihrer „Lost Highway“-DVD mit dem Zitat Janet Marslins: „Eine kunstvolle Halluzination, die

65 Hoffmann, E.T.A.: Der Doppeltgänger. In: E.T.A. Hoffmanns Werke in fünfzehn Teilen.; Zwölfter Teil: Letzte Erzählungen II. Herausgegeben von Georg Ellinger. Leipzig 1912. S. 9-53.
66 Twin Peaks – Fire Walk With Me. USA 1992. Regie: David Lynch.
67 Twin Peaks. USA 1989 – 1991. Regie: Diverse.
68 Jerslev, Anne: David Lynch. S.19-20.
69 Gifford, Barry: Wild at Heart. New York 1990.
70 Vgl. Fischer, Robert: David Lynch. S. 191 – 193.
71 Vgl. Sarris, Andrew: Notes on the Auteur Theory in 1962. In: Film Culture 27. Winter 1962-63. S. 1 – 8.

niemals für das Werk eines anderen gehalten werden könnte."[72] Das Motiv der Persönlichkeitsdissoziation zieht sich durch die meisten Filme Lynchs und ist für deren Sekundärliteratur ein ebenso unverzichtbares Sujet wie für wohl annähernd sämtliche Interpretationen der Hoffmanschen Schriften.

Dennoch soll diese Arbeit weder die Entwicklungen der poststrukturalistischen, noch der postmodernen Textauffassung negieren. „Der Autor" bleibt natürlich eine Konstruktion und das gilt für Lynch wie für Hoffmann. Um mit Anne Jerslev zu sprechen, sind hier nicht Hoffmann und Lynch von Interesse, sondern „Hoffmann" und „Lynch"; es geht nicht darum, „was Lynch [bzw. Hoffmann] will, sondern Bilder von dem zu konstruieren, was ´Lynch` [´Hoffmann`] sagt."[73]

Auch nach dem „Tod" des Autors[74] als *der* Stimme des Textes bleibt er als *eine* Stimme im Text ein allemal ausreichender Anlass, verschiedene Texte gemeinsam kommunizieren zu lassen – und nicht der abwegigste.

72 Zitiert nach: Süddeutsche Zeitung/Cinemathek (Hrsg.): David Lynch: Lost Highway. München 2005.

73 Jerslev, Anne: David Lynch. S. 23.

74 Barthes, Roland: Der Tod des Autors. Aus dem Französischen von Matías Martínez. In: Jannidis Fotis (Hrsg.): Texte zur Theorie der Autorschaft. Stuttgart 2000. S. 185 – 193.

I. THEORETISCHE GRUNDLAGEN

1. Bild und Sprache

„Wärst du nur hier, so könntest du selbst schauen...“[75]

Dieses Vertrauen auf eine intersubjektive Wahrnehmung, das die Hauptfigur Nathanael in dem 1816 erschienenen „Sandmann“ noch hat, hatten die Dichter der Romantik verloren.
Bereits Kant hatte mit der Subjektivität des Empfindens[76] gegen religiöse wie empirisch-rationalistische Dogmen argumentiert. Gleichwohl hatte er aber das von der menschlichen Rezeption unabhängige „Ding an sich“ gelten lassen, dessen sich das im Idealfall ebenso autonome Denken versichern konnte. Johann Gottlieb Fichte dagegen postulierte das Ich als Maß aller Dinge.[77] Ihm zufolge gebiert das Bewusstsein die Welt aus der Definition alles dessen, was nicht zu ihm gehörte, als „Nicht-Ich“. Wenn dem aber so ist, schafft das Ich frei von allen äußeren Einflüssen die subjektive Welt selbst, der es gegenübertritt. Ein reizvoller Gedanke für phantasiebegabte und äußerst selbstbewusste Künstler wie die Romantiker von Jena, wo Professor Fichte von 1794–1799 lehrte, oder den Königsberger Studenten E. T. A. Hoffmann:

> „Die Zeitstimmung griff diesen [...] Gedanken begeistert auf: Das Ich ist frei, es ist das erste Prinzip, es trägt die Welt in sich, es muß sich nicht der Welt beugen, sondern mit seiner 'Tathandlung' erschafft es sich seine Welt. Der popularisierte Fichte wurde zum Kronzeugen für den Geist des Subjektivismus und der grenzenlosen Machbarkeit.“[78]

In seiner radikalen Konsequenz bedeutet dieser Geist freilich mit dem Ende jeder Intersubjektivität auch das Ende jeder Kommunikation, und dies lag sicher nicht im Interesse der romantischen Schriftsteller. Nathanaels Hoffnung auf seinen Briefpartner als ihn bekräftigenden Augenzeugen könnte sich demnach als trügerisch erweisen, weil dessen Ich seine persönliche, gänzlich andere Welt kreieren mag. Fichte hatte 1804 in einem Vortrag die eigenen Aussagen zum Teil revidiert: Vor die Selbstdefinition des absoluten Ichs muss das Sehen treten. Das Bewusstsein entwickelt sich also erst durch die unbewusste Auswahl und Gewichtung der gesehenen Bilder, die „Bildungskraft“: „So ist hier also die Ichform selbst erst

75 Der Sandmann. S. 3.

76 Vgl. Kant, Immanuel: Kritik der reinen Vernunft. In: Werke. Band II: Kritik der reinen Vernunft. Herausgegeben von Wilhelm Weischedel. Darmstadt 1998.

77 Vgl. Fichte, Johann Gottlieb: Die Bestimmung des Menschen. In: Fichtes Werke. Band II: Zur theoretischen Philosophie II. Herausgegeben von Immanuel Hermann Fichte. Berlin 1971. S.167-319.

78 Safranski, Rüdiger: E. T. A. Hoffmann. Das Leben eines skeptischen Phantasten. Frankfurt am Main 2005. S. 62.

entstanden aus der Beschränkung des unendlichen Bildvermögens auf ein bestimmtes Bild."[79]

Ob diese Bilder als Ideen nun im Menschen bereits von Geburt angelegt sind oder erst durch das sinnliche Sehen der Dinge erfahren werden müssen, bleibt eine philosophische oder theologische Streitfrage.

Übereinstimmend sagen lässt sich jedoch für die Philosophie seit dem späten Fichte, dass das Bewusstsein zum ersten Medium jener – inneren oder verinnerlichten – Bilder wird, dass in Husserls Worten „...die Bildlichkeit erst Sinn hat durch ein eigenes Bewußtsein, daß einen ähnlichen Inhalt haben nicht soviel heißt wie ein Bild auffassen, sondern daß Ähnliches für Ähnliches zum Bild erst wird durch das eigenartige und schlechthin primitive Bildlichkeitsbewußtsein."[80] Davon, dass es sich bei dem „Gedanken*bild*" nicht nur um eine Metapher handelt, scheint schon der Traum zu zeugen, wie Freud vermerkte: „Der Trauminhalt ist gleichsam in einer Bilderschrift gegeben, deren Zeichen einzeln in die Sprache der Traumgedanken zu übertragen sind."[81] Nicht von ungefähr ist gerade von der Filmindustrie als „Traumfabrik" die Rede.

Daraus würde aber folgen, dass die Sprache ein kodierter Ausdruck von Bildern wäre. Lars Jacob hat in „Bildschrift – Schriftbild"[82] den geistesgeschichtlichen Weg zu dieser Theorie verfolgt:

Während Hegel noch der Meinung war, dass die Sprache bei zunehmender Abstraktion ihre Vor-Bilder vergessen ließe[83], griff Blumenberg auf Kant zurück, als er gerade den ständigen Bedarf der Sprache einer bildlichen Rückkoppelung herausstellte, die sich in Metaphern und Vergleichen äußere.[84] Und Derrida schloss: „In dem Augenblick, da der Sinn versucht, aus sich herauszugehen [...], um sich in das Licht der Sprache zu stellen, stürzt sich das Denken auf die Metapher..."[85]

In vollkommener Analogie dazu stellt bereits „Der Sandmann" den Sprachfindungsprozess dar, obwohl sich Lars Jacobs Dissertation auf die Erkenntnistheorie im *modernen Roman* bezieht. Heißt es bei Jacob: „Ein ´intentionaler Druck` im

---

79 Fichte, Johann Gottlieb: Nachgelassene Werke. Herausgegeben von J. H. Fichte. Band 1. Leipzig 1834. S. 217.

80 Husserl, Edmund: Phantasie, Bildbewußtsein, Erinnerung. In: Elisabeth Ströker (Hrsg.): Edmund Husserl. Gesammelte Schriften. Band 23. Hamburg 1992. S. 17.

81 Freud, Siegmund: Die Traumdeutung. Frankfurt am Main 1991. S. 284.

82 Jacob, Lars: Bildschrift – Schriftbild. Zu einer eidetischen Fundierung von Erkenntnistheorie im modernen Roman. Würzburg 2000.

83 Vgl. Bassenve, Friedrich (Hrsg.): Georg Wilhelm Friedrich Hegel. Ästhetik. Band 1. Berlin 1955. S.391.

84 Vgl. Blumenberg, Hans: Paradigmen zu einer Metaphorologie. In: Archiv für Begriffsgeschichte. Herausgegeben von Erich Rothacker. Band 6. Bonn 1969. S.9.

85 Derrida, Jacques: Grammatologie. Aus dem Französischen von Hans-Jörg Rheinberger und Hanns Zischler. Frankfurt am Main 1983. S. 30.

Bewußtsein zwingt die Bilder gewissermaßen zur Aus-Sprache…“[86], steht in der Erzählung zu lesen:

> „Hast du, Geneigtester! wohl jemals etwas erlebt, das deine Brust, Sinn und Gedanken ganz und gar erfüllte […]? Es gärte und kochte in dir […]. Und nun wolltest du das innere Gebilde mit allen glühenden Farben und Schatten und Lichtern aussprechen und mühtest dich ab, Worte zu finden, um nur anzufangen. […] Doch jedes Wort, alles was Rede vermag, schien dir farblos und frostig und tot.“[87]

Die Übersetzung gelingt erst in der Rückbesinnung auf das Bildliche, in einer möglichst *malerischen* Sprache: „Hattest du aber wie ein kecker Maler...“[88] Oder, wie Jacob unter Verweis auf Gottfried Boehm begründet: Es „muß auch in der Sprache selbst dieser Rückgang auf Bildlichkeit […] vollzogen“[89] werden, um eine Bilderfahrung zu verbalisieren.[90] Folgerichtig ist eine Sprache umso zugänglicher, je weniger sie sich von einer bildlichen Konkretion entfernt. Man wird den kommerziellen Erfolg, den Hoffmanns Erzählungen schon zu Lebzeiten genossen, auch in dieser Eigenschaft verorten dürfen: Dass sie höchst komplexe Seelenvorgänge und Handlungsverwicklungen sehr *anschaulich* erzählen.
Unter den obigen Ausführungen sind jedoch jene fehlerhaft, die das „Gedankenbild“ nicht wiederum als Metapher, sondern buchstäblich [sic!] verstanden haben wollen. Denn von Geburt an blinde Menschen etwa träumen nicht in Bildern, wohl aber in Gerüchen, Klängen, Geschmack und Berührungen.
Die Sprache ist also nicht nur kodierter Ausdruck von Bildern, korrekt wäre es, sie als Vermittlung, also als ein Medium zunächst sinnlich erfahrener Gedanken zu bezeichnen (dabei sei dahingestellt, ob diese sinnlich vermittelte Erfahrung nun Erinnerungen an eine apriorische Ideenwelt im platonischen Sinne wachruft oder nicht).
Inwieweit ist es nun adäquat, das, was wir visuell und auditiv als Film wahrnehmen, als „Sprache“ zu bezeichnen?

2. Sprache und Film

Roland Barthes' Auffassung des Films als Abfolge von Photographien[91] kann, auch unter Vernachlässigung der phonographischen Filmebene, in Zeiten der Computer-

---

86 Ebd. S. 55.

87 Hoffmann, E. T. A.: Der Sandmann. S. 18.

88 Ebd.

89 Boehm, Gottfried: Zu einer Hermeneutik des Bildes. In: Die Hermeneutik und die Wissenschaften. Herausgegeben von Hans-Georg Gadamer und Gottfried Boehm. Frankfurt am Main 1978. S. 449.

90 Vgl. Jacob, Lars. Bildschrift – Schriftbild. S. 56.

91 Vgl. Barthes, Roland: Der entgegenkommende und der stumpfe Sinn. Aus dem Französischen von Dieter Hornig. Frankfurt am Main 1990. S. 47 – 66.

animation nicht mehr genügen. Konnte Barthes' Schüler Christian Metz noch darauf verweisen, dass die einzelnen Fragmente des Trickfilms nicht trickartig seien, sich also der Film immer „an ein Minimum von photographischer Treue hält"[92], kann nun im digitalen Hypermedium des Computers ein Film sowohl erstellt, als auch abgespielt werden.[93]

> „im Vergleich zu den traditionellen ikonischen Darstellungsformen Fotografie und Film bietet die Computeranimation eine völlig neue Form, denn ihre Struktureigenschaft ist nicht mehr physikalisch bzw. analogisch [...], sondern digital. Hier muß der dargestellte Gegenstand nicht mehr real vorhanden sein, weil er vom Computer selbst generiert werden kann."[94]

Doch auch für den weiterhin mit Kameras gedrehten Film ohne Tonspur gilt, was Barthes für seine kleinste *technische* Einheit, das Foto, feststellte[95]: Er kann keine bloße Kopie des Aufnahmeobjekts sein. Der Wiedergabe des Abgefilmten ist immer auch eine durch die Filmschaffenden bewusst oder unbewusst herbeigeführte Konnotation zu Eigen. Diese ikonische Nachricht des Films gliederte Christian Metz wie folgt in die

> „kulturellen und [...] spezialisierten Kodes. Erstere definieren die Kultur einer sozialen Gruppe [...]; die Benutzung dieser Kodes erfordert keine *spezielle* Vorbereitung außer der, überhaupt in einer Gesellschaft zu leben, von ihr erzogen zu sein etc. Diejenigen Kodes, die wir ´spezialisiert` nennen, betreffen dagegen spezifischere und eingeschränktere soziale Tätigkeiten [...]. Die eigentlich kinematographischen signifikanten Figuren (wie Montage, Bewegungen der Kamera, optische Effekte, 'Rhetorik der Leinwand`, Wechselwirkungen des Visuellen mit dem Auditiven etc.) bilden zusammen die spezialisierten [...] Kodes; sie funktionieren *oberhalb* der photographischen und phonographischen Analogie. Die ikonologischen, perzeptiven Kodes etc. sind kulturelle Kodes; ein großer Teil ihrer Wirkung im Film liegt noch *unterhalb* der photographischen und phonographischen Analogie"[96].

Kommt dieser spezialisierte Filmkode jedoch einer Sprache gleich, durch die kulturelle Vorbedeutungen artikuliert werden?

---

92 Metz, Christian: Probleme der Detonation im Spielfilm. 1968. In: Texte zur Theorie des Films. Herausgegeben von Franz-Josef Albersmeier. Stuttgart 1998. S. 354.

93 Vgl. Spielmann, Yvonne: Aspekte einer ästhetischen Theorie der Intermedialität. In: Heinz-B. Heller, Matthias Kraus, Thomas Meder, Karl Prümm und Hartmut Winkler (Hrsg.): Über Bilder sprechen. Positionen und Perspektiven der Medienwissenschaft. S. 60.

94 Hoang, Youn-Ju Ko: Vermittlung von „Visual Literacy" durch Computeranimation im Kunstunterricht. Berlin 2000. S. 91.

95 Barthes, Roland: Rhetorik des Bildes. In: Schiwy, Günther: Der französische Strukturalismus. Mode, Methode, Ideologie. Mit einem Anhang von Texten von de Saussure, Lévi-Strauss, Barthes, Goldmann, Sebag, Althusser, Foucault, Sartre, Ricceur, Hugo Friedrich. Reinbek 1984. [S. 162 . 170] S. 166.

96 Metz, Christian: Probleme der Denotation im Spielfilm. Aus dem Französischen von Renate Koch. In: Texte zur Theorie des Films. S. 325 – 326.

Nicht nur, aber besonders in der Frühphase der Filmtheorie wurde oftmals versucht, ein filmisches Äquivalent zur Sprache (in ihrer engeren, nicht semiologischen Bedeutung) zu finden. Selbst das futuristische 'Kinoki'-Manifest, das 1922 voll aggressivem Pathos fordert, den Film von Musik, Literatur und Theater zu „säubern" greift immer wieder auf Begriffe wie das „Kinopoem" oder das „Filmalphabet" zurück.[97] Victor B. Šklovskij, einer der Begründer des Formalismus, versuchte die Filme in Prosa und Poesie zu scheiden, auf Basis der abstrakten Formel, ob darin eine „ganze Reihe bedeutungsmäßiger Lösungen durch eine rein formale, geometrische Lösung ersetzt wird..."[98] Je geometrischer, je sujetloser ein Film sei, desto lyrischer sei er auch. Šklovskij versteht darunter Werke, in denen die Handlung sich weitgehend auflöst in einer weniger durch narrative Kontinuität, als durch Rhythmus bestimmten Montage von Bildern (beziehungsweise Worten), die durch ihre Lösung aus dem Zusammenhang einer linearen Handlung direkt metaphorische oder symbolische Bedeutung gewinnen. Poesie ist jedoch nicht zwangsläufig sujetloser als Prosa und hier wie dort untrennbar mit formalen, geometrischen Lösungen verbunden. In der Poesie fallen allerdings die Sprünge zwischen den Versen oftmals formal unmittelbarer und zugleich inhaltlich weiter assoziiert aus, als zwischen den Sätzen der Prosa. Daher entsteht der lyrische Eindruck mancher Filme, den Šklovskij zu beschreiben sucht, eigentlich durch die rasche Montage von Einstellungen verschiedener Motive aus verschiedenen Szenen, welche Metz als „a-chronologisches Syntagma" klassifizierte. Nicht von ungefähr wurde das „Schnittgewitter" im Kino ab den 1990er Jahren von Regisseuren eingeführt, die zuvor Musikvideos gedreht hatten, also die „Lyrics" der Songs visuell verarbeiten mussten. Die Schnittgeschwindigkeit stieg damit von durchschnittlich sechs Sekunden lange Einstellungen in den 80er Jahren auf zwei Sekunden pro Einstellung.[99] Mittlerweile werden in diesem Tempo auch autonome Sequenzen zerlegt.

Parallel zu Šklovskijs Unterscheidung zwischen „Poesie" und „Prosa" im Kino lässt sich daher André Bazins Unterscheidung sehen, die er zwischen Filmen trifft, deren Regisseure an das Bild, und Filmen, deren Regisseure an die Realität glauben.[100] Bei ersteren erschaffe die Montage „eine Bedeutung, die die Einzelbilder objektiv nicht enthalten"[101], bei letzteren dagegen spiele die Montage „die rein negative Rolle des unvermeidlichen Ausschließens in einer überreichten Wirklichkeit."[102] Wenn er von

---

97 Vgl. Vertov, Dziga: Wir. Variante eines Manifestes. Übersetzung o. A. In: Texte zur Theorie des Films. S. 34.

98 Šklovskij, Victor B.: Poesie und Prosa im Film. Übersetzung o. A. In: Texte zur Theorie des Films. S. 174.

99 Althen, Michael: Die Leute mit den Scherenhänden. In: Frankfurter Allgemeine Zeitung. 27. Juli 2002, Nr. 146. S. 53.

100 Vgl. Bazin, André: Die Evolution der Filmsprache. Aus dem Französischen von Barbara Peymann. In: Materialien zur Theorie des Films. S. 86.

101 Ebd. S. 87.

102 Ebd. S. 88.

Realität spricht, meint Bazin hier, übersetzt in die Begriffe Barthes', die buchstäbliche, nicht-codierte Nachricht, die das Bild neben seiner symbolischen, codierten Nachricht noch hat. Folglich fasst Bazin unter seine zweite Kategorie nicht nur Dokumentarfilme wie „Nanuk, der Eskimo"[103], sondern auch einen phantastischen Horrorfilm wie „Nosferatu – Eine Symphonie des Grauens" [104], für den der Schauspieler Max Schreck ja schon vor seiner Aufnahme durch die Kamera als Vampir maskiert wurde. Zwar muss auch das Publikum von „Nosferatu" die Leerstellen zwischen den Bildern füllen, allerdings lediglich durch die Annahme räumlicher und zeitlicher Entfernungen. Wird von einem Schiff auf die norddeutsche Hafenstadt geschnitten, die es auf dem Seeweg erreichen soll, genügt zum Verständnis der Nachvollzug eines linearen Raum- und Zeitsprunges.
Dahingegen muss in „Zehn Tage, die die Welt erschütterten"[105] die Entfernung zwischen einem anrollenden Panzer und einer zerbrechenden Napoleon-Statuette durch das Publikum mit einer recht komplizierten historischen Deutung gefüllt werden: Kerenskij kann seine bonapartistischen Pläne nicht verwirklichen, weil er die Bolschewiki braucht, um einen Putsch der Armee abzuwehren.
Bazin erklärt so den Streit über den Tonfilm als Auseinandersetzung zwischen diesen Fraktionen: Jene Regisseure, die an das Bild glaubten, sahen die Sprache als Konkurrenz zur „Filmsprache" der Montage. Tatsächlich wollten die bedeutenden Regisseure der UdSSR, Eisenstein, Pudowkin und Alexandrow den Ton nur kontrapunktisch verwenden, „...denn jegliche ÜBEREINSTIMMUNG zwischen dem Ton und einem visuellen Montage-Bestandteil schadet dem Montagestück, indem es dieses von seiner Bedeutung löst."[106] Damit ein Film seine Aussagen über das Gegenschnittverfahren trifft, müssen die montierten Bilder möglichst eindeutig sein. Der Ton würde jedoch, da er ja nicht exakt dieselbe Aussage treffen kann wie die Bilder, eine Vieldeutigkeit verursachen. Ein solcher Effekt ist nur vermeidbar, wenn der Ton sofort als inhaltlicher Gegenpol zum Bild erkennbar ist. Aus der kontrapunktischen Montage explodierender Wasserstoffbomben und des Liedes „We'll meet again" in dem Film „Dr. Seltsam oder Wie ich lernte, die Bombe zu lieben"[107] ist als Synthese die Aussage zu ziehen, dass die Menschheit durch sentimentale Massenunterhaltung die Gefahr der Massenvernichtung verdrängt.
Diese Montagetechnik entspricht formal dem dialektischen Materialismus von These und Antithese, wobei die Synthese zwischen den Bildern, beziehungsweise zwischen Bild und kontrapunktischem Ton liegt.

---

103 Nanook of the North. USA 1921. Regie: Robert J. Flaherty.

104 Nosferatu – Eine Symphonie des Grauens. Deutschland 1922. Regie: Friedrich Wilhelm Murnau.

105 Zehn Tage, die die Welt erschütterten. Krasnyje Kolokola – Ja Widel Roshdenije Nowowo Mira. UdSSR; Mexiko; Italien 1922. Regie: Sergej Bondartschuk und Antonio Saguera.

106 Eisenstein, Sergeij, Wsewolod I. Pudowkin und Grigorij W. Alexandrow: Manifest zum Tonfilm. Aus dem Russischen von Dieter Prokop. In: Texte zur Theorie des Films. S. 55.

107 Dr. Strangelove or How I Learned To Stop Worrying and Love the Bomb. USA 1964. Regie: Stanley Kubrick.

> „Das Rohmaterial in den Händen der Dichter und Schriftsteller ist das Wort. Dieses kann jedoch, je nach seiner Stellung im Satzgefüge, die verschiedensten Bedeutungen annehmen [...], bis ihm die künstlerische Formulierung des Satzes seinen bestimmten Gehalt gibt. Dem Filmregisseur dient jede Szene des gedrehten Films in der gleichen Weise wie das Wort [...] und durch die bewußte künstlerische Gestaltung dieses Rohmaterials entstehen die 'Montage-Sätze`"[108].

Die semantische Relation, die durch die Montage zwischen den Einstellungen hergestellt wird, legt aber eben nicht zwingend die Bedeutungen einer Filmsequenz fest. Um nur ein ebenso bekanntes wie besonders radikales Beispiel zu nennen: Hitchcocks „Cocktail für eine Leiche"[109] besteht aus nur acht Einstellungen zu je zehn Minuten Länge. Der Regisseur erklärte dazu:

> „Die Kamerabewegungen und die Bewegungen der Schauspieler entsprechen genau meiner üblichen Schnittmethode. Das heißt, ich hielt mich weiter an das Prinzip, die Proportionen der Bilder zu verändern im Verhältnis zur emotionellen Wichtigkeit der einzelnen Momente."[110]

J. M. Peters ergänzte daher die „Sprachmöglichkeiten des Films"[111] um die Form der einzelnen Bilder, worunter er zum einen die Bildkomposition, zum anderen die Kameraposition fasst. Während die Bildkomposition auf nichtsprachliche Mitteilungsweisen oder bereits vorhandene Sprachen wie die der Schauspielkunst zurückgreifen müsse, galten Peters die Kameraposition und die Montage als eigentlich filmische Mittel.

> „Der Ausdruck der Hochachtung, der beispielsweise durch eine Aufnahme aus der Froschperspektive, der Ausdruck der Geringschätzung, der durch eine Einstellung von erhöhtem Kamerastandpunkt hervorgerufen werden kann, sind Beispiele für die echte Bild*sprache* und Bildmetaphorik des Films."[112]

Peters' zufolge spricht der Film verschiedene Sprachen, „filmische" und „nicht originär filmische".[113] Der Sinn von Peters' Einteilung ist jedoch fraglich. Erstens sind Montage und Kameraperspektive keine originär filmischen Sprachen, die Photographie wandte sie schon zuvor an. Allein die Kamera*bewegung* kann ausschließlich im Film zur Geltung kommen.

Zweitens sind Schnitt und Kameraführung (Kamerafahrten, -schwenks, etc. eingeschlossen) auch nicht filmischer in dem Sinne, dass sie die anderen Ausdrucks-

---

108 Pudowkin, Wsewolod I.: Filmregie und Filmmanuskript. Einführung zur ersten deutschen Ausgabe. Aus dem Russischen von Leonore Kündig. In: Texte zur Theorie des Films. S. 70.

109 Cocktail für eine Leiche. Rope. USA 1948. Regie: Alfred Hitchcock.

110 Hitchcock, Alfred in: Mr. Hitchcock, wie haben Sie das gemacht? Herausgegeben von Francois Truffaut. Aus dem Französischen von Frieda Grafe. München 1990. S. 174.

111 Peters, J. M.: Die Struktur der Filmsprache. In: Texte zur Theorie des Films. S. 384.

112 Ebd. S. 381.

113 Vgl. Ebd. S. 378-379.

formen des Filmes stets dominieren würden: Wenn etwa in „Die Spur des Falken“[114] der Schurke Gutman aus der Froschperspektive aufgenommen ist, verstärkt dies den Eindruck seines Übergewichtes. Da Gutman bereits durch die Dialoge anderer Figuren als zwiespältig charakterisiert wurde und er mit dem korpulenten Sidney Greenstreet besetzt wurde, dessen Züge „den Ausdruck eines Vogels angenommen“[115] haben, stellt sich somit beim Zuschauer das Gegenteil von Hochachtung ein.
Christian Metz versuchte, das Problem der mehrsprachigen Kodierung zu umgehen, indem er die Beziehungen zwischen besonders großen Einheiten, den Segmenten eines Films, ins Blickfeld rückte. Er stellte dabei eine Liste von syntagmatischen Typen auf, zu denen Einstellungen verbunden werden können.[116] Anstelle des Terminus „Segment“ hat sich für solche Abfolgen inzwischen allgemein die Bezeichnung „Sequenz“ durchgesetzt, welche Metz aber enger fasste, nämlich für zeitlich-diskontinuierliche Montagen von Einstellungen. Metz stellte die Hypothese auf, dass „die *Paradigmatik der großen Einheiten* bereits den Hauptteil einer vollständigen Paradigmatik der ´kinematographischen Sprache` ausmacht...“[117] Das hieße aber, die „kinematographische Sprache“ auf einen Bruchteil dessen zu reduzieren, was ein Films aussagt. Entscheidende Veränderungen spielen sich oft innerhalb desselben Segmentes ab. So könnte man beispielsweise eine Folge von Einstellungen aus „Blue Velvet“ im Metzschen Sinne so strukturieren:

1. Segment: Verschiedene Einstellungen einer idyllischen Kleinstadt = Dritter Syntagmentyp der zusammenfassenden Klammerung.
2. Mehrere Einstellungen eines Mannes, den beim Bewässern eines Blumenbeetes der Schlag trifft und der auf eine Wiese voller Käfer stürzt = Sechster Syntagmentyp der zeitlich kontinuierlichen Szene.

Ebenso ließe sich aber auf der Bedeutungsseite auch folgende Struktur feststellen, die der obigen nicht entspricht:

1. Segment: Die Darstellung einer Vor- oder Kleinstadtidylle in leuchtenden Farben verharrt bei einem Mann, der ein Blumenbeet mit einem Gartenschlauch bewässert.
2. Segment: Die Idylle wird gestört, als der Mann einen Schlaganfall erleidet.
3. Segment: Die Idylle wird als von Grund auf trügerisch entlarvt, da der Mann auf einer Wiese voller Käfer liegt, welche durch einen Soundtrack aus Fressgeräuschen und Raubtierknurren als eine Welt des Fressens und Gefressenwerdens offenbar wird.

---

114 Die Spur des Falken. The Maltese Falcon. USA 1941. Regie: John Huston.
115 Vgl. Beyer, Friedemann: Peter Lorre. Seine Filme – sein Leben. München 1988. S. 148.
116 Vgl. Metz, Christian: Probleme der Detonation im Spielfilm. S. 336 – 346 ; S. 360.
117 Ebd. S. 351.

Letztlich stellt sich bei Metz dasselbe Problem ein, wie bei Peters: Schauspieler, Maske, Kostüme, Kulissen, Spezialeffekte, kurz, alles im Film gezeigte, wird bei ihm zu *signifiés*, während die angeblich *„spezifisch filmischen Kodes“*, nämlich Bild- und Tonschnitt, Kamerabewegungen und optische Effekte die *signifiants* darstellen.
Die Beziehungen dieser angeblichen *signifiants* und *signifiés* sind aber nicht arbiträr. Alles, was in einem Film zu sehen ist, wurde entweder mit einer bestimmten Intention ausgewählt oder es kommt ihm zumindest bereits eine kulturelle Denotation zu, die im Zusammenhang des Films eine zusätzliche Konnotation erhält. Das eigentlich Bezeichnete ist daher außerhalb des Filmes zu verorten.
In den Einstellungen zu Beginn von „Blue Velvet“, sind rote Blumen vor einem weißen Gartenzaun unter einem tiefblauen Himmel zu sehen, ein Feuerwehrwagen mit winkendem Feuerwehrmann, gelbe Blumen vor einem weißen Gartenzaun, sowie Kinder, die von einer Schülerlotsin über die Straße geleitet werden. Allein auf der Ebene der „spezifisch filmischen Kodes“, der optischen Effekte, der Kamera und der Wechselwirkung mit der sanften Musik, ließe sich diese Einstellung als in erster Linie harmonisch und beruhigend beschreiben. Die Auswahl der Motive jedoch, der von Meteoren schnell und beinahe unauffällig durchzogene Himmel, die Zäune, der rote Feuerwehrwagen oder das rote Stoppschild der Lotsin, deuten darauf hin, dass diese Harmonie beständig bedroht ist. In diesem Kontext sprechen der Einsatz der Zeitlupe und der leuchtenden Farben nicht für die Dauerhaftigkeit und Intensität des Friedens, sondern eher für seine Irrealität.
Die Vielfalt der möglichen syntagmatischen und paradigmatischen Beziehungen ist schier unerschöpflich. Die miteinander korrespondierenden Zeichen stammen aus unterschiedlichen Sprachen, die für eine Aussage aber alle gleich relevant sind. Eine gemeinsame kleinste Einheit aller im Film enthaltenen Sprachen lässt sich nicht feststellen, weil sie unterschiedlichen Zeichensystemen graphischer, phonetischer, mimischer und anderer Strukturen entstammen. Durch die Gesamtheit aller im Film enthaltenen Kodes lassen sich bestimmte Bedeutungen konstruieren. Diese Konstruktionen können bis zu einem bestimmten Grad konventionell sein:

> „Ein Mann kommt an einen Ort, wo er wahrscheinlich umgebracht wird. Wie wird das im allgemeinen gemacht? Eine finstere Nacht an einer engen Kreuzung in einer Stadt. Das Opfer steht im Lichtkegel einer Laterne. [...] Großaufnahme einer schwarzen Katze, die eine Mauer entlangstreicht. Eine Einstellung von einem Fenster, hinter dem schemenhaft das Gesicht eines Mannes auftaucht, der nach draußen blickt. Langsam nähert sich eine schwarze Limousine, undsoweiter.“[118]

Tatsächlich kann es sich hier aber nur um ein ideales Schema handeln, da die Konventionen gewohnheitsmäßig, aber nicht zwingend sind. Sie können zum Beispiel auf ökonomische Berechnung – der Film soll sich den Sehgewohnheiten des Massenpublikums anpassen - oder politische Berechnung – der Film soll den Status

118 Hitchcock, Alfred in: Wie haben Sie das gemacht, Mr. Hitchcock? S. 250.

Quo nicht in Frage stellen - zurückzuführen sein. Werner Faulstich kritisiert deshalb die Filmsemiotik in einer vernichtenden Abhandlung als „politisch affirmativ, ein Negativbeispiel für die stets auch politische Dimension jeglicher Wissenschaft."[119] Die Konventionen können aber auch auf individuell freiwilliger Basis beruhen. So erklärte Hitchcock zu einer Szene aus „Der unsichtbare Dritte"[120]:

> „Ich wollte mich gegen die Schablone stellen. [...] Ich habe mich gefragt, was das genaue Gegenteil einer solchen Szene wäre. Eine völlig verlassene Ebene in hellstem Sonnenschein, keine Musik, keine schwarze Katze, kein geheimnisvolles Gesicht hinterm Fenster."[121]

Aber selbst, wenn sich sehr ähnliche Sequenzen in verschiedenen Filmen finden, gibt es doch Differenzen. Beispielsweise könnten die Rollen mit anderen Schauspielern besetzt sein, oder, wenn es sich um dieselben Schauspieler handelte, wären sie zum Zeitpunkt der jeweiligen Aufnahme in einem unterschiedlichen Alter. Schon dies würde einen Bedeutungsunterschied ausmachen. Auch die gesprochenen und geschriebenen Sprachen entwickeln sich zwar historisch, aber während ein Satz jederzeit neu mit denselben Worten formuliert werden könnte, kann es niemals zwei Filme mit exakt identischen Bildern geben (es sei denn, es handelte sich um eine direkte Kopie aus dem älteren Film). Die Filmsprache existiert sozusagen ausschließlich als Sprechen, als *„parole"*. Die syntagmatischen und paradigmatischen Relationen eines Films sind daher zwar nicht zufällig, aber jeweils einmalig. Also kann es keine präskriptive Grammatik des Films geben, ein Film lässt sich nicht normativ, allein analytisch erschließen. Da die Sprache des Films aber die Summe der in ihm enthaltenen Sprachen ist, muss die Analyse deren jeweilige Systeme in Bezug zueinander setzen. Hingegen gibt es keine Filmsprache als eigenständiges Regelsystem; die genuin filmische Kamerabewegung trägt nur einen Teil zur Rede eines Filmes bei und kann nicht ohne visuelles Motiv sein. Metz zufolge überschneiden

> „die Kunst und die Sprache (*langage*) sich im Kino stärker [...], als es auf dem Gebiet des Verbalen der Fall ist. Der kreative Filmemacher hat einen Einfluß auf die diachrone Entwicklung der kinematographischen Sprache, den der kreative Schriftsteller nicht hat in bezug auf die Entwicklung der Sprache (*idiome*), da diese auch ohne Kunst existieren würde, wohingegen das Kino eine Kunst sein muß, um obendrein auch noch eine Sprache [*langage*] mit einem partiellen Kode der Denotation zu sein."[122]

---

119 Faulstich, Werner: Einführung in die Filmanalyse. S. 57.

120 Der unsichtbare Dritte. North by Northwest. USA, 1959. Regie: Alfred Hitchcock.

121 Hitchcock, Alfred in: Wie haben Sie das gemacht, Mr. Hitchcock? S. 250. Der Regieeinfall ist somit, entgegen den Aussagen Truffauts, eben nicht willkürlich und bar jeder Bedeutung, sondern hat mindestens eine Verunsicherung der Sehgewohnheiten zum Ziel.

122 Metz, Christian: Probleme der Denotation im Spielfilm. S.348.

Richtiger wäre: Die Filmsprache und die Filmkunst überschneiden sich nicht, sie entsprechen einander. Es wäre folglich fruchtbarer, von einer „Rhetorik", besser noch „Ästhetik", als von einer „Sprache" des Films zu reden.[123]
Zusammenfassend ließe sich bis zu diesem Punkt sagen:
Die Wahrnehmung ist das Medium der Erfahrungen.
Die Gedanken sind die Medien der Wahrnehmung.
Die Zeichen sind die Medien der Gedanken.
Die Künste (darunter Literatur und Film) gehören zu den Medien der Zeichen.
Die Wiedergabetechniken (die Medien im engeren Sinne) können Medien der Künste sein.
Die Übergänge sind freilich mitunter fließend. Zum Beispiel wird ein Kunstwerk immer auch durch seine Wiedergabe beeinflusst. In den bildenden Künsten unmittelbar durch die Beschaffenheit der Materialien, aber auch in der Literatur durch ein graphisches Design oder zum Beispiel durch die Konzeption eines Werkes als Fortsetzungsroman in einer Zeitung; im Film zum Beispiel durch das Leinwandformat oder bestimmte Toneffekte, die nur im Dolby Surround System zur Geltung kommen.[124] Letztlich ist für die Wirkung eines Kunstwerkes ein Zusammenspiel aller oben genannten Ebenen notwendig. Auf welcher Grundlage, wenn nicht auf einer linguistischen, ließe sich nun aber im Besonderen das Zusammenspiel der Zeichen mit der Filmkunst analysieren?
Eine Alternative zu den Versuchen, eine Filmgrammatik auf Grundlage de Saussures[125] zu beschreiben, stellt die ikonographische Erschließung des Films nach der Zeichenlehre des Charles Sanders Peirce dar.[126] Das Einzelbild eines Films, ob nun photographisch oder im Computer erzeugt, würde demnach als Ikon definiert, das heißt als ein Zeichen, welches dem Gegenstand, den es stilisiert darstellt, mehr oder weniger ähnelt. Aus Dekor, Landschaft, Physiognomie und Kleidung der abgebildeten Menschen, der Beleuchtung, Bildschärfe und Kameraperspektive lassen sich bereits Botschaften auch des Einzelbildes entschlüsseln. Ein Beispiel sind die Aushangfotos, die vor und in den Kinos hinter Glas für die gezeigten Filme werben: Es handelt sich um Filmstandbilder, aus denen die Kinogänger dennoch erkennen sollen, ob sie der Filminhalt ansprechen könnte.[127]

---

123 Das gilt auch für Dokumentarfilme und Reportagen.

124 Der Film „Polyester" (USA, 1981. Regie: John Waters) arbeitete sogar mit Smell-o-vision, Gerüchen, die durch den Einsatz von Rubbelkarten freigesetzt wurden, während bei „Schrei, wenn der Tingler kommt" (The Tingler, USA, 1959. Regie: William Castle) die Filmtheater mit Geräten ausgestattet wurden, welche die Kinosessel vibrieren ließen.

125 Vgl. Saussure, Ferdinand de: Grundlagen der Allgemeinen Sprachwissenschaft. Herausgegeben von H. Lommel. Berlin 1967.

126 Vgl. Peirce, Charles Sanders: Phänomen und Logik der Zeichen. Aus dem Englischen von Helmut Pape. Herausgegeben und aus dem Französischen von Helmut Pape. Frankfurt am Main 1983.

127 Vgl. auch Pauleit, Winfried: Filmstandbilder zwischen Theorie- und Kunstanspruch. In: Medienbilder. S. 11-16.

Umberto Eco zufolge erhalten die im Ikon enthaltenen kinesischen Figuren aber erst durch ihre diachronische Bewegung ihre Bedeutung als kinesische Zeichen. Eco wählt sein Beispiel aus dem Bereich der Körpersprache: „Wenn ich zwei typische Kopfbewegungen wie das Zeichen ´nein` und das Zeichen ´ja` in soundso viele Photogramme zerlege, dann finde ich soundso viele verschiedene Positionen, die ich nicht als Positionen der Kinemorpheme ´nein` und ´ja` identifizieren kann."[128] Eine umfassend präzise Filmanalyse müsste sich demzufolge auf eine Bildbeschreibung stützen, wie sie auch für Gemälde und Photographien vorgenommen wird, hätte aber die Ikone auch in ihrem diachronischen Zusammenhang zu deuten.

> „Selbst unter Berücksichtigung ihrer verbalen Elemente handelt es sich hier nicht um eine Sprache – weder *langue* noch *langage*. Vielmehr haben wir es hier mit einer plastischen Masse, einer signifikantenlosen, asyntaktischen und nicht sprachlich geformten Materie zu tun, obgleich sie keineswegs amorph, sondern semiotisch, ästhetisch und pragmatisch geformt ist."[129]

Das Ikon kann mehrere Bedeutungsebenen haben, für deren Unterscheidung es mehrere Ansätze gibt. Günther Bentele listete etwa

1. repräsentative,
2. selektive,
3. kinematographische,
4. kotextuelle,
5. gesellschaftliche,
6. symbolische sowie
7. konnotative Bedeutungskomponenten auf,[130]

während Eberhard Opl auf ganze 24 Schichten des filmischen Ikons kam.[131]
Das Verhältnis des Ikons innerhalb der Montage würde nach Bentele durch die Untersuchung der kotextuellen Bedeutungsebene abgedeckt.
Problematisch bei der konkreten Anwendung des ikonographischen Ansatzes ist jedoch der ungeheure Zeitaufwand, der betrieben werden müsste, um einen gesamten Film Bild für Bild zu erfassen. Der Literaturwissenschaftler Nicholas Rombes hat sein Projekt bereits aufgegeben, auf seiner Website nach dieser Methode „Blue Velvet" zu analysieren; bei einer Rate von 24 Bildern pro Sekunde

---

128 Vgl. Eco, Umberto: Einige Proben: Der Film und das Problem der zeitgenössischen Malerei. In: Texte zur Theorie des Films. S. 315.

129 Deleuze, Gilles: Das Zeit-Bild. Kino 2. Aus dem Französischen von Klaus Englert. Frankfurt am Main 1997. S.46.

130 Bentele, Günther: Der Zoom – eine filmsemiotische Untersuchung. In: Zeichenkonstitution. Akten des 2. Semiotischen Kolloquiums Regensburg 1978.Band 2. Herausgegeben von Annemarie Lange-Seidl. West-Berlin; New York 1981. S. 51.

131 Opl, Eberhardt: Das filmische Zeichen als kommunikationswissenschaftliches Phänomen. München 1990. S. 55 – 57.

und einer Bildanalyse pro Tag würde eine solche Untersuchung 473 Jahre dauern.[132] Die detaillierte Analyse eines Ikons oder einiger Ikone wäre wenig repräsentativ, gemessen an dem Anspruch, einen Film als geschlossenes Kunstwerk zu analysieren. Und schließlich würde eine Analyse der Tonspur übergangen. Eine solche muss zu einer Untersuchung der Dialoge eben doch auf linguistische Methoden zurückgreifen. Das Kinemorphem ist somit lediglich die kleinste bedeutungstragende Einheit des *Stumm*films. Mit einigen Abweichungen von einer Vorlage Klaus Kanzogs[133] ließe sich für die im Film enthaltenen Zeichen folgendes Modell erstellen:

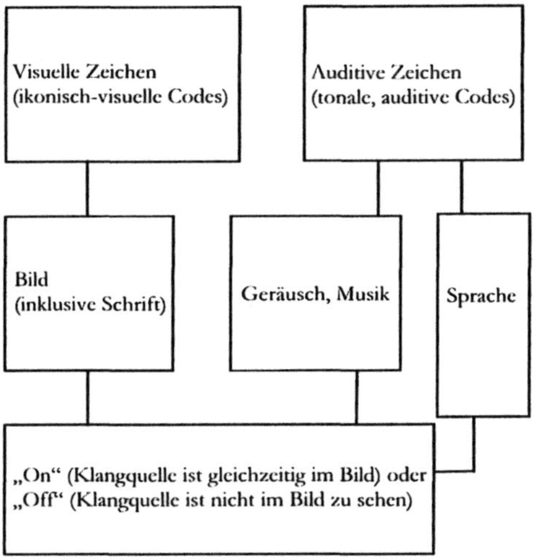

Klaus Kanzog stellte in seiner Graphik noch die Schrift als besonderen visuellen Code neben das Bild. Dafür spräche, dass die Schrift weniger affektiv rezipiert wird als etwa Körpersprache. Im Film wird Schrift jedoch oft graphisch so umgesetzt, dass sie auch direkt Affekte auslösen soll, beispielsweise zu Beginn von „Krieg der Sterne“[134], wo „der Schriftkörper isomorph zur Gestalt des Raumschiffes wird, das [...] in die Tiefe des Bildes trägt...“[135]oder in „Das Cabinet des Dr. Caligari“, wo der wahnsinnige Psychiater von diagonal an Bäumen und Wänden erscheinenden Graffiti verfolgt wird, die ihm den Befehl erteilen, seine Identität zu wechseln.

132 Vgl. Althaus, Michael: Von der Bläue des Blaus. In: Frankfurter Allgemeine Zeitung. 22.9.2005. Nr. 221. S. 39.

133 Vgl. Bildanlage ... [Kanzog, Klaus: Einführung in die Filmphilologie, S. 23.]

134 Krieg der Sterne. Star Wars – Episode IV: A New Hope. USA 1977. Regie: George Lucas.

135 Paech, Joachim: Vor-Schriften – In-Schriften – Nach-Schriften. In: Sprache im Film. S. 31.

Die Literatur besteht aus der Sprache im engeren Sinne, im Falle der Niederschrift bzw. des Abdrucks erweitert um die Ausdrucksmöglichkeiten der Kaligraphie bzw. der Druckgraphik, im Falle des Vorlesens erweitert um die Ausdrucksmöglichkeiten der menschlichen Stimme. Das literarische Werk ist jedoch nicht an eine *bestimmte* graphische oder vokale Wiedergabe gebunden. Ob ein literarisches Werk in einer runden oder gebrochenen Schrift abgedruckt wird, hat zwar Auswirkungen auf die Rezeption, der Inhalt des Textes aber ließe sich ohne Bedeutungsverluste auch in ein anderes Schriftbild transkribieren. Der Film hingegen besteht aus mehreren ikonisch-visuellen und auditiven Codes, zu denen auch solche gehören können, die literarischen Charakter haben, so die Schrift und die (meist einem Drehbuch folgenden) Dialoge. Eine Transkription wäre aber nicht ohne Bedeutungsverlust möglich, da die weiteren audio-visuellen Codes - der Vortrag, das Schriftbild und die Wechselwirkung mit den weiteren Bildern des Filmes – konstitutiv für die Bedeutung sind, welche den Texten im Film zukommt.
Wie gelingt es nun in den Werken E. T. A. Hoffmanns mit den Mitteln der Sprache, wie in den Werken David Lynchs mit den Mitteln der vielgestaltigen visuellen und auditiven Zeichen, gespaltene Persönlichkeiten zu entwerfen?

II. DIE WERKE IM VERGLEICH

1. Zeit und Raum bei E. T. A. Hoffmann

a) Zeit und Raum in „Der goldne Topf"

„Am Himmelfahrtstage nachmittags um drei Uhr…"[136]

Schon in der ersten Zeile scheint deutlich zu werden, was „Ein Märchen aus der neuen Zeit"[137], als welches „Der goldne Topf" untertitelt ist, von einem „Kinder- und Hausmärchen" unterscheidet. Beinahe die Hälfte der Märchen, wie sie im ersten Band von 1812 - also zwei Jahre vor dem Hoffmann'schem Kunstmärchen - von den Brüdern Grimm herausgegeben wurden,[138] führt mit der berühmten „Es-war-einmal-"Formel ins Dunkel einer mythischen Vergangenheit; der Anfang von „Der goldne Topf" dagegen erinnert an die Präzision einer Pressemitteilung- doch nur auf den ersten Blick.[139] Die Handlung beginnt eben nicht an einem historischen Datum, dem 27. Mai 1813 zum Beispiel, sondern an einem Gedenktag, der durch eine legendäre Vergangenheit besetzt ist. Gleichsam ist der zweite Termin, der angegeben wird, der dreiundzwanzigste September[140], in erster Linie symbolisch: Während der in seinem ungelenken Körper gefangene Anselmus zu Christi Himmelfahrt den ersten Schritt zum Verlassen der irdischen Sphäre macht, verschreibt sich die gutbürgerliche Viktoria zur Tag- und Nachtgleiche vorübergehend der schwarzen Magie. Alle größeren Zeitabläufe, die nicht symbolisch auf eine jenseitige Welt verweisen, werden hingegen ungenauer als „Oktober-Abend[e]"[141] oder gar „Mehrere Tage und Wochen und Monate"[142] erfasst.
Die im Verlauf der Handlung immer wieder eröffneten vollen Stunden – „es schlug längst zehn Uhr"[143], „mit dem Glockenschlag zwölf"[144], „es schlug sechs Uhr"[145] –, legen nahe, dass auch der Uhrzeit eine tiefere Bedeutung zukommt. Der Glockenschlag kennzeichnet jeweils Beginn oder Ende einer neuen Entwicklungsstufe, die die Protagonisten Anselmus und Viktoria auf dem Weg zur Überwindung ihrer

136 Der goldne Topf. S. 237.
137 Ebd. S. 235.
138 Grimm, Jacob und Wilhelm: Kinder- und Hausmärchen. Herausgegeben von Hans-Jörg Uther. München 1996.
139 Auf diesen Vergleich kam auch schon Hartmut Steinecke in seinem Nachwort zu: Hoffmann, E. T. A.: Der goldne Topf. Ein Märchen aus der neuen Zeit. Stuttgart 1993. S. 138 – 139.
140 Der goldne Topf. S. 291.
141 Ebd. S. 311.
142 Ebd. S. 327.
143 Ebd. S. 289.
144 Ebd. S. 297.
145 Ebd. S. 306.

Dissoziation erreichen: Des „mittags Punkt zwölf Uhr" erscheint Heerbrand, um Viktorias Hand anzuhalten, woraufhin sie endgültig der schwarzen Magie abschwört; Anselmus betritt pünktlich zur „gewohnte[n] Stunde"[146], also zwölf Uhr mittags das Haus des Archivars, wo er sich unter der Prüfung des Salamanders für die Märchenwelt entscheiden wird. Zerteilte Stunden dagegen markieren die fortdauernde Zerrissenheit des Anselmus zwischen Diesseits und Märchenwelt: „Punkt halb zwölf Uhr"[147] ist er zwar bereit, seinen Dienst bei dem Archivar anzutreten, aber er denkt dabei noch an die materielle Entlohnung der Speziestaler, die bereits seine Dienstvorgänger über ihre Gefangenschaft in Kristallgläsern hinwegtäuscht. Und „auf halb eins"[148] zeigt auch die Taschenuhr, als Anselmus den Rückschritt auf eine Beziehung mit Veronika hin gemacht hat.

Entscheidender als das abstrakte menschliche Zeitmaß selbst ist jedoch dessen vorzüglicher Gegenstand, der Gegensatz zwischen dem Tageslicht und dem Nachtdunkel.[149] Der Archivar und die Apfelverkäuferin können ihren Tätigkeiten als Teilzeitgeister nur außerhalb der Arbeitszeit, also vom Abend bis zum frühen Morgen nachgehen. In der Nacht verschwimmen also noch am ehesten die Gegensätze zwischen der alltäglichen und der mythischen Welt, ihre Dunkelheit scheint den stadtbürgerlichen Raum aufzulösen. Das Märchenreich selbst aber gehorcht gar nicht erst den Naturgesetzen von Zeit und Raum.

> „Der Mythos führt die bürgerliche, die kontinuierliche Zeit ad absurdum. [...] Phosphorus ist ´erst` 385 Jahre tot, weshalb Lindhorst noch Trauer trägt; auch ist der Tod kein Einschnitt, der das Leben beendet. Vielmehr erlaubt er dem verärgerten toten Vater durchaus, einen pietätlosen Sohn die Treppe hinunterzuwerfen..."[150]

Die Zersplitterung der Zeit in kleine Einheiten wie Tage oder Minuten ist hier außer Kraft gesetzt und natürlich muss dies für den gehetzten Anselmus die ideale Lösung bedeuten, ist seine Persönlichkeit doch auch durch die bürgerliche Zeit dissoziiert. So wird ja gleich zu Beginn des Märchens sein Wunsch, seine knappe Freizeit im „Paradies[es]"[151] des Linkischen Bades zu verbringen, durch die allzu große Hast vereitelt. Dort, wo sich die Zeiteinheiten dehnen, muss auch der Raum, an dessen feste Strukturen Anselmus stetig aneckt, endlich genügend Platz für ihn bieten.

Da der Salamander in der Gestalt des Archivars, die Hexe in der Gestalt der Apfelfrau jedoch in den dreidimensionalen Raum verbannt wurden, dem das Märchen

---

146 Ebd. S. 314.

147 Ebd. S. 252.

148 Ebd. S. 311.

149 Vgl. Wührl, Paul-Wolfgang: E. T. A. Hoffmann. Der goldne Topf. Die Utopie einer ästhetischen Existenz. Paderborn; München; Wien; Zürich 1988. S. 33.

150 Ebd. S. 38.

151 Der goldne Topf. S. 238.

„den Mythos als vierte Dimension [dar]überstülpt“[152], sind ihre Refugien gleichsam mehrschichtig. In der Beschreibung dieser Gefilde greift ein Stilprinzip, das Norbert Stresau für den Film als „statische Destabilisierung“ beschrieb:

> „Der Raum bleibt in sich unverändert, wird jedoch mit Symbolen und Chiffren gefüllt, die gleichsam eine Brücke zwischen Wirklichkeit und der Sphäre des Anderen, jener großen Traumzone der Auflösung, darstellen. [...] ...das Phantastische und das Reale liegen so dicht beieinander, daß sie kaum noch voneinander zu trennen sind.“ [153]

Freilich werden diese Räume in ihrer Doppelbödigkeit nur von jenen wahrgenommen, die selbst zwischen den Welten wandeln. Haben sich Anselmus und Veronika jedoch erst auf die „Traumzone“ eingelassen, so ist deren wesentlichste Eigenschaft, dass sich die Wesen und Dinge darin nicht mehr scharf voneinander abgrenzen, sondern in ständiger Verwandlung begriffen sind. Im Garten des Archivars sind Blüten je nach Blickwinkel zugleich Insekten, Vögel zugleich Blumen und in der orientalischen Schrift, die von der paradiesischen Herkunft des Archivars und seiner Töchter erzählt, scheinen die „seltsam verschlungenen Zeichen [...] bald Pflanzen, bald Mose, bald Tiergestalten darzustellen...“[154] Im Kessel der Hexe wiederum werden „die sonderbarsten Massen – waren es Blumen – Metalle – Kräuter – Tiere, man konnte es nicht unterscheiden“[155] zu einer Art magischen Ursuppe verkocht.

Was in der empirischen Welt also getrennt ist, wird in der transzendenten Welt assoziiert. Allerdings gab es auch hier einst einen Schöpfungsakt, der die elementarsten Bestandteile von einander schied. Diese Schöpfung, von welcher der Archivar erzählt, vereint Gemeinsamkeiten aller antiken Schöpfungsmythen: Die Schöpfung wird durch das Chaos der „Abgründe, die ihren schwarzen Rachen aufsperrten“ bedroht, dann von einem männlichen Prinzip, hier den Granitfelsen, und von einem weiblichen Prinzip, der Sonne mit „ihrem mütterlichen Schoß“ besiegt, der nun ein „göttliches Kind“ gebiert, hier die Feuerlilie. Die sich anschließende Harmonie dieses Paradieses, in dem Elemente, Flora und Fauna im Einklang miteinander kommunizieren, wird erst durch das wortwörtlich brennende Liebesverlangen des Phosphorus zur Feuerlilie, später des Salamanders zur grünen Schlange gestört. Phosphorus muss erst einen Drachen erschlagen, der Archivar erst die Nachkommen des Drachen, darunter die Hexe besiegen, um die verlorene Einheit wiederherzustellen. Ein solcher Sieg über die Monstren ist immer auch ein Sieg über die Triebhaftigkeit, das zeigt sich am konkretesten am Triumph des Archivars über die Hexe im Ringen um die Loyalität des Anselmus. Anselmus lässt sich nicht von seiner rein geistigen Liebe, die ihn mit der Schlange Serpentina verbindet, zu der potentiell körperlichen Liebe mit Viktoria verführen.

---

152 Wührl, Paul-Wolfgang: E. T. A. Hoffmann. Der goldne Topf. S. 38.
153 Stresau, Norbert: Der Horror-Film. S. 51 – 52.
154 Der goldne Topf. S. 299
155 Der goldne Topf. S. 291

> „Die Kristallstimmen im Busch, das gleichsam freischwebende Augenpaar, die ins Niedliche verwandelten Schlänglein [dagegen] verraten eine außerordentlich stark gefilterte Sinnlichkeit. [...] Serpentina und ihr Vater Lindhorst möchten Anselmus zu ihrem Herold der körperlosen Liebe machen.“[156]

Als Ursprung des räumlichen und zeitlichen Zerbrechens eines mythischen Paradieszustandes in die engen Einheiten des bürgerlichen Berufslebens lässt sich also das sexuelle Begehren ausmachen. Als Konsequenz dieser Ursünde ist die bürgerliche Welt generell durch die Gier nach materiellen Gütern gekennzeichnet: So erstreben die Studenten den Besitz der Speziestaler, Veronika den Besitz der Ohrringe. Die Objekte dissoziieren die menschlichen Persönlichkeiten, indem sie deren Raum- und Zeitgefühl bannen und die Wahrnehmungsorgane vom Bewusstsein abtrennen: Die Studenten sind in Kristallgläsern gefangen, wähnen sich aber in Dresden.

Wie exemplarisch ist nun diese Konstruktion einer dualistischen Raum-Zeit-Struktur für die weiteren hier untersuchten Werke Hoffmanns?

b) Zeit und Raum in „Die Elixiere des Teufels“

„Die Elixiere des Teufels“ ist immerhin ein Reiseroman, der seinen Protagonisten Medardus von Preußen über Rom wieder nordwärts in ein deutsches Kloster führt. Nahe liegend wäre es, wenn die Entwicklung seiner Persönlichkeit auch seiner linearen Bewegung durch den Raum entspräche.

> „Auch in den 'Elixieren` bleibt freilich der objektive Ablauf der Zeit bedeutungslos. Das Gerüst der Zeitangaben ist dürftig, und einige der genannten Daten, wie der 'Tag des heiligen Antonius` [...], haben nicht als solche, sondern als Symbole Bedeutung, die auf höhere, wunderbare Zusammenhänge und Zeitdimensionen hinweisen... [...] An die Stelle der eindeutig erzählten Zeit tritt die verschwimmende Vieldeutigkeit der vom Helden erlebten Zeit.“[157]

Die Reise des Medardus ist vielmehr hin und her gerissen zwischen verschiedenen Polen, die auch „Der goldne Topf“ bestimmen, nämlich Tag und Nacht, sowie Gegenwart und mythischer Vergangenheit. Während sich die Figuren in „Der goldne Topf“ schließlich noch zwischen abendländischer Aufklärung und morgenländischem Schöpfungsmythos bewegen – dem Registrator erscheinen die Berichte aus der Märchenwelt als „orientalischer Schwulst“[158] -, besteht in „Die Elixiere des Teufels“ ein vergleichbarer Gegensatz zwischen dem Christentum, das im Norden,

---

156 Safranski, Rüdiger: E. T. A. Hofmann. Das Leben eines skeptischen Phantasten. Frankfurt am Main 2005. S. 316-318.

157 Köhn, Lothar: Vieldeutige Welt. Studien zur Struktur der Erzählungen E. T. A. Hoffmanns und zur Entwicklung seines Werkes. Tübingen 1966. S. 53.

158 Der goldne Topf. S. 256

und dem antiken Heidentum, das im Süden stärkeren Einfluss hat. Wie in „Der goldne Topf" ist diese Zerrissenheit auf einen weit zurückliegenden Sündenfall zurückzuführen: Medardus' Ahne, der Maler Francesco, hatte einst die heilige Rosalia nach dem Vorbild der Venus unziemlich erotisch gestaltet und sich von einer Frau, die diesem Porträt ähnelte, zu einer Ehe nach heidnischem Brauch verführen lassen. Auch hier führt die Fleischeslust zu Teufelskreisen aus Begehren und einer Art „postkoitaler Depression", die sich von nun an durch die gesamte Familiengeschichte ziehen. „...jeder Raum, den Medardus betritt, ist erfüllt von dem Frevel seiner Ahnen."[159] Überall hin verfolgt ihn das Phantom des Malers und schließlich findet er heraus, dass beinahe jeder, dem er auf seiner Reise begegnete, ebenfalls ein Nachfahre Francescos ist. Er bewegt sich also kreisförmig immer wieder an den Ausgangspunkt zurück. Wie der Friseur Schönfeld alias Belcampo bemerkt:

> „Richtung setzt ein Ziel voraus, nach dem wir unsere Richtung nehmen. Sind Sie Ihres Ziels gewiß, teurer Mönch? – fürchten Sie nicht, [...] wie ein schwindlichter Turmdecker zwei Ziele [zu] sehn, ohne zu wissen, welches das rechte?"[160]

Das eigentliche Ziel des Medardus scheint es zu sein, die ewige Wiederholung der Erbsünde zu vermeiden, um den Zustand kindlicher Unschuld wiederherzustellen. Diese Kindheit wird als ungetrübt narzisstische Wonne erinnert, in der sich die Ziehmutter, ein Pilger, Francescos Geist und das Jesuskind persönlich um ihn kümmern, und spielt sich in einem geweihten Wald ab, der wie das Atlantis aus „Der goldne Topf" den völligen Einklang mit der Natur gewährt:

> „Mich umrauscht noch der dunkle Wald – mich umduften noch die üppig aufgekeimten Gräser, die bunten Blumen, die meine Wiege waren. Kein giftiges Tier, kein schädliches Insekt nistet in dem Heiligtum der Gebenedeiten...?[161]

Erst die dem pubertierenden Jungen durch ein junges Mädchen vorenthaltene Aufmerksamkeit setzt diesen zeitlosen Zustand außer Kraft. Seine sinnliche Wahrnehmung wird nun durch ihre Kleidung begrenzt, die den Ersatzcharakter eines Fetischs annimmt:

> „und so kam es dann, daß ich [...] ich so an sie drängte, daß wenigstens ihr Kleid im Vorbeistreifen mich berühren mußte, welches mich mit innerer, nie gefühlter Lust erfüllte. [...] endlich stand sie auf, und ließ auf dem Stuhl einen ihrer Handschuhe liegen, den ergriff ich, und drückte ihn im Wahnsinn heftig an den Mund!"[162]

---

159 Hattemer, Matthias: Das erdichtete Ich: Zur Gattungspoetik der fiktiven Autobiographie bei Grimmelshausen, E. T. A. Hoffmann, Thomas Mann und Rainer Maria Rilke. Frankfurt am Main; Bern; New York; Paris 1989. S. 61.

160 Die Elixiere des Teufels. S. 264.

161 Die Elixiere des Teufels. S.10

162 Ebd. S. 24

Die spöttische Distanz, die das Objekt seiner Begierde ihn daraufhin spüren lässt, führt dazu, dass für Medardus Raum und Zeit in rasendem Tempo regelrecht zersplittern, was sich im Text als bruchstückhafte Syntax spiegelt. So sprunghaft seine emotionale Verfassung, so sprunghaft sein Weg von der Wohnung der Angebeteten auf den eigenen Fußboden, so sprunghaft auch sein Bericht:

> „besinnungslos stürzte ich fort ins Kollegium – in meine Zelle. Ich warf mich, wie in toller Verzweiflung auf den Fußboden – glühende Tränen quollen mir aus den Augen, ich verwünschte – ich verfluchte das Mädchen – mich selbst – dann betete ich wieder und lachte dazwischen wie ein Wahnsinniger! [...] ich war im Begriff, mich durch das Fenster zu stürzen, zum Glück verhinderten mich die Eisenstäbe daran, mein Zustand war in der Tat entsetzlich. Erst als der Morgen anbrach, wurde ich ruhiger“[163].

Wie Anselmus bleibt Medardus ein Zustand wie jener, den er vor dem Trauma der Zurückweisung genoss, jedoch vorenthalten, solange er sich nicht zwischen dem spirituellen und dem weltlichen Weg entscheiden kann. Während der Student zwischen zwei Sichtweisen desselben Raumes wählen muss, besteht für Medardus jedoch die Alternative zwischen zwei Identitäten, der des Mönchs und der seines Zwillings, des Grafen Viktorin. Der Adelige tritt hier als Verkörperung des Weltlichen auf, wie auch die einzige längere Passage verdeutlicht, die einen historischen Wandel zum Thema hat, der Vortrag des Hofarztes:

> „Alles bezieht sich wieder auf Heldenmut und körperliche Kraft. Starke, robuste Eltern haben wenigstens in der Regel eben dergleichen Kinder... [...] ...mit dem geistigen Vermögen ist es nicht so. Sehr weise Väter erziehen oft dumme Söhnchen, und es möchte, eben weil die Zeit dem physischen Rittertum das psychische untergeschoben hat, rücksichts des Beweises angeerbten Adels ängstlicher sein, von Leibniz abzustammen, als von Amadis von Gallien oder sonst einem uralten Ritter der Tafelrunde.“[164]

Einerseits erscheint das sich emanzipierende Bildungsbürgertum hier als Verwirklicher des geistigen Prinzips. Andererseits besteht die Erlösungshoffnung für Medardus ja gerade in der Erkenntnis seines fehlbaren Erbgutes. Insofern ist der Arzt, der auch gegenüber dem Doppelleben seines Gegenübers blind bleibt, in derselben aufklärerischen Ignoranz verfangen wie der Konrektor und der Registrator von Danzig, wenn er glaubt, der Mensch wäre kraft geistiger Autonomie bereits im diesseitigen Raum von jeder zeitlichen Determination befreit.
Auch in „Die Elixiere des Teufels“ ist es nicht das helle Licht der Aufklärung, sondern die Nacht, welche die Erkenntnis näher bringt. Immer wieder gelingt es Medardus, der Sühne für seine Schuld zu entkommen, indem er mit seinem Doppelgänger die Rolle tauscht und von Ort zu Ort flieht. Doch kaum sitzt er im Dunkel der nächtlichen Gefängniszelle fest, sind also die Ablenkungen des

163 Ebd.
164 Ebd. S. 231.

kontinuierlichen, räumlich-zeitlichen Fortschreitens nicht mehr wirksam, bricht der Widerpart aus dem Boden – dem Unbewussten[165] – hervor. Dieser „Angriff aus der Tiefe der Vergangenheit, die stets auch mit einem räumlichen 'Unten' verbunden ist"[166] und der laut Norbert Stresau typisch für das Horrorgenre ist, wirkt zwar zerstörend auf die Gegenwart,[167] aber gerade von der will sich Medardus ja befreien. Doch weder das Gerichtsverhör noch die Folter der Inquisition oder die spätere Selbstgeißelung dringen ihm soweit „unter die Haut", dass sie ihn zu aufrichtiger Reue bewegen könnten. Erst als er, diesmal nicht durch eine Nacht im Kerker, sondern durch ein Wundfieber auf der Bahre jenseits von Raum und Zeit erneut dem Doppelgänger begegnet – „Ich wollte aufspringen vom Lager, aber das Grausen hatte seine Eisdecke über mich geworfen und jede Bewegung die ich versuchte, wurde zum innern Kampf, der die Muskeln zerschnitt"[168] –, ihm diesmal nicht ausweichen kann und sich in Demut dem jüngsten Gericht unterwirft, schöpft er die Kraft, fortan den Versuchungen zu widerstehen.
Raum und Zeit sind somit auch hier nur Illusionen, die von der wahren, das heißt rein geistigen Liebe ablenken:

> „Was ist für die Liebe der Raum, die Zeit! – Lebt sie nicht im Gedanken und kennt *der* denn ein Maß?"[169]

c) Zeit und Raum in „Der Sandmann"

In „Der Sandmann" finden sich alle Gegensatzpaare wieder, die bereits in den oben aufgeführten Werken die Risse im Raum-Zeit-Kontinuum erzeugen: Tag und Nacht – schon die Titelfigur, sowie die Herausgabe der Erzählung als eines der „Nachtstücke" weisen darauf hin –, Norden und Süden – die „Welschen", die den deutschen Studenten Nathanael manipulieren, heißen Coppola und Spalanzi –, sowie Gegenwart und Vergangenheit.
Wieder gestalten sich die Bewegungen des Protagonisten durch das Raum-Zeit-Gefüge als äußerst sprunghaft, bis hin zu dem selbstmörderischen Sprung, den er am Ende von einem Aussichtsturm macht. „Stärker als Medardus' Entwicklung ist die Nathanaels durch Umschläge gekennzeichnet, die wegen der Kürze der Erzählung besonders deutlich heraustreten."[170]
Zu Beginn wird eine einmalige, präzise Zeitangabe gemacht – „am 30. Oktober mittags um 12 Uhr" -, die als scheinbar nüchterne Datierung in einem geradezu

165 Vgl. Reber, Natalie: Studien zum Motiv des Doppelgängers bei Dostojevskij und E. T. A. Hoffmann. Gießen 1964. S. 126.
166 Stresau, Norbert: Der Horror-Film. S. 23 – 24.
167 Vgl. Köhn, Lothar: Vieldeutige Welt. S. 56.
168 Die Elixiere des Teufels. S. 314.
169 Ebd. S. 14.
170 Köhn, Lothar: Vieldeutige Welt. S. 100.

„pointiert komische[n]“[171] Missverhältnis zu der Bedeutung steht, die dieser Termin für Nathanael hat, nämlich das Eindringen einer traumatischen Vergangenheit in seine Studentenstube. Auch hier gilt die Regel des Horrorgenres:

> „Doppelt wirksam wird dieser Angriff [aus der Vergangenheit] dadurch, daß wir den Raum in aller Regel über unseren Gesichtssinn erfahren: So gilt der Angriff [...] immer auch ein wenig unseren Augen, der verwundbarsten Stelle unseres Körpers.“[172]

Obwohl Nathanael in dem Optiker Coppola die Inkarnation des Sandmanns wähnt, des Kinderschrecks aus einem Ammenmärchen, besteht die Bedrohung, die von diesem ausgeht, nun jedoch keineswegs darin, den Studenten in die phantastische Märchenwelt ziehen zu wollen. Gleich der Apfelfrau im „Goldnen Topf“ mag er vielleicht aus einer anderen Dimension stammen, doch versucht er, die Wahrnehmung seines Opfers an die materielle Objektwelt zu fesseln. Die Mittel, die er dazu anwendet, sind denn auch rein technischer Art: Brillen und ein Roboter. Die Kindheitsidylle, derer sich Nathanael sehnsüchtig erinnert, spielte sich zwar im Schoß der bürgerlichen Familie ab, war aber doch besonders geprägt durch „viele wunderbare Geschichten“[173], die der Vater vor dem Schlafengehen erzählte. Die Störung dieses familiären Raumes durch den Advokaten Coppelius kündigt sich stets durch das Verstummen des Märchenerzählers an. Die Misshandlung des Jungen durch Coppelius setzt sich fort als symbolische Unterbrechung der Nabelschnur: Der Gast verdirbt dem Kind den Appetit an den von der Mutter dargebotenen Speisen, indem er diese mit seinen animalisch behaarten Fingern betastet.[174] Wenn Nathanael sich schließlich erinnert, von Coppelius auseinander- und wieder zusammengesetzt worden zu sein, ist diese Dissoziation des Körpers weniger ein magischer Vorgang als es die Verwandlungen im „Goldnen Topf“ sind. Eher symbolisiert er die Ängste vor einer aufgeklärten Wissenschaft, vor der Erschütterung des menschlichen Selbstverständnisses als Krone der Schöpfung durch das Schreckensbild einer seelenlosen, gänzlich durch Anatomie zu erschließenden Gliederpuppe. Wenn im Bild der Gliederpuppe die Furcht vor der Dissoziation durch dämonische Mächte kulminiert, wie Lieselotte Sauer meinte[175], dann nur insofern, als die Aufklärung durch solche Mächte benutzt werden kann, um Gott herauszufordern, wie sich an der Äußerung des an seiner Tat resignierenden Coppelius erweist: „'s gut wie es war! – Der Alte hat's verstanden!“[176]

---

171 Köhn, Lothar: Vieldeutige Welt. S. 97.

172 Stresau, Norbert: Der Horror-Film. S. 23 – 24.

173 Hoffmann, E. T. A.: Der Sandmann. S. 4.

174 Vgl. auch Preuß, Karin: The Question of Madness in the Works of E. T. A. Hoffmann and Mary Shelley. With Particular Reference to *Frankenstein* and *Der Sandmann*. Frankfurt am Main 2003.

175 Vgl. Sauer, Lieselotte: Marionetten. Maschinen. Automaten. Der künstliche Mensch in der deutschen und englischen Romantik. Bonn 1983. S. 210.

176 Hoffmann, E. T. A.: Der Sandmann. S. 10.

Nathanael versucht nun, diese Trennung des organisch-familiären Raumes in Subjekt und Objekte, Sehnsucht und Begehrtem rückgängig zu machen, indem er die Distanz zwischen den Körpern geistig überbrücken will. Er wählt dazu das Mittel, das er aus seiner Kindheit kennt, das Geschichtenerzählen. Sein Irrtum ist jedoch, dass er das Paradies nicht im transzendenten, sondern im leiblichen sucht: Erst projiziert er es auf Clara, dann auf Olimpia. Clara erkennt immerhin Nathanaels inneren Konflikt, nimmt ihn aber gerade deswegen nicht ernst, weil für sie die Außenwelt die Wirklichkeit bedeutet. Eben, weil Nathanael ihr Gehör schenkt und nicht seinem inneren Widerwillen, lässt er sich auf den verhängnisvollen Kauf von Coppolas Augengläsern ein. „Der Sandmann“ revidiert somit keineswegs „Der goldne Topf“, wie Karin Preuß glaubte:

> „My analysis of *Der goldne Topf* focuses on an early attempt of Hoffmann to commemorate the idealism and the magic of Romanticism, as an expression of unity and pleasant harmony. [...] Hoffmann revisits his positive outlook on Romanticism in 'Der Sandmann`, in fact it seems as if he has become disenchanted with the magic of poetry and arts.“[177]

Mitnichten. Die Augengläser treten zwischen Nathanael und sein Bewusstsein und sperren den bedeutendsten Zugang ab, den dieser über seine Sinneswahrnehmungen noch finden kann, um die romantische Einheit zwischen sich und dem Raum nicht gänzlich zu verlieren. Anders als Anselmus und Medardus muss er deshalb zugrunde gehen in jenem Feuerkreis des Verlangens – „*Feuerkreis*, dreh dich – *Feuerkreis*, dreh dich“[178] –, aus dem Medardus – „Nun fingen die Gedanken der einzelnen Teile sich zu drehen, [...], so daß sie einen Feuerkreis bildeten...“[179] – und Anselmus – „...daß die Flammenmassen prasselnd sich um den Anselmus wälzten“[180] - sich befreien können.

d) Vergleichende Zwischenbetrachtung

„Durch Hoffmanns Erzählungen geht ein verzeitlichender Zug. Es dominiert das Nacheinander. Das Spiel von Symbolen und Korrespondenzen kann sich nur begrenzt entfalten, der Zug der Handlung ist zu mächtig. [...] Betrachtungen, Schilderungen können sich nicht ausbreiten, ein Sog, der vom Ende ausgeht, zieht sie in den Fluß des Geschehens.“[181]
Die Paradoxie von Rüdiger Safranskis Beobachtung besteht darin, dass sich der „verzeitlichende Zug“ in den Erzählungen gerade durch die Absenz von Zeit

177 Preuß, Karin: The Question of Madness in the Works of E. T. A. Hoffmann and Mary Shelley. S. 61.
178 Hoffmann, E. T. A.: Der Sandmann. S. 42.
179 Hoffmann, E. T. A.: Die Elixiere des Teufels. S. 252.
180 Hoffmann, E. T. A.: Der goldne Topf. S. 316.
181 Safranski, Rüdiger: E. T. A. Hoffmann. Frankfurt am Main 2000. S. 407.

herstellt. Das Konzept der Zeit basiert einerseits auf Linearität, auf dem „Nacheinander", das sich natürlich syntaktisch in keinem Text vermeiden lässt. Andererseits entsteht aber der Sog der Handlung bei Hoffmann dadurch, dass die Beschreibungen des Raums, der Dinge und Figuren eben sehr wenig Zeit einnehmen. Die Erzählzeit fällt also im Verhältnis zur erzählten Zeit sehr knapp aus, wodurch die Linearität oft so sprung-, also lückenhaft wirkt wie in einigen der oben angeführten Beispiele.[182]

Dennoch sind die Erzählungen nicht episodisch, weil ihre Helden durchaus Entwicklungen durchmachen. Der Begriff des „Sogs" ist recht treffend: Die Strukturen zumindest von „Der goldne Topf", „Die Elixiere des Teufels" und „Der Sandmann" lassen sich mit denen eines „Maelstroms"[183], oder, um den „Feuerkreis"-Topos aufzugreifen, einer brennenden Spirale vergleichen. Warum?

Für diese drei Werke lässt sich insgesamt feststellen: Die Dissoziation der Figuren macht sich in einer Dissoziation des Raum-Zeit-Empfindens bemerkbar.

> „Schon die Idealisierungen des Künstlertums bei Wackenroder und Tieck konnten über einen Hintergrund an Beängstigung und Unsicherheit nicht hinwegtäuschen, denn die Befreiung aus der Abhängigkeit von Hof, Kirche oder Staat führten [...] tendenziell in eine gesellschaftliche Ortlosigkeit. Die Abkehr von der verordneten Naturauffassung der klassizistischen Akademien, die Entdeckung der Subjektivität des Sehens, erfolgte um den Preis der Angst vor der Unverständlichkeit, des Kommunikationsverlusts, die das romantische Liebäugeln mit dem Wahnsinn zumindest auch dokumentiert. [...] Einer Gefährdung freilich, deren Ursachen nicht in der Landschaft selbst liegen, sondern in der vom gesellschaftlichen Prozeß deformierten Seele, die in der Landschaft ihrer selbst ansichtig wird."[184]

Soweit Friedmar Apel sich hier auf die Landschaftsdarstellungen in Hoffmanns Werken bezieht, erfasst erst der letzte Satz den Gegenstand exakt. Die Natur wirkt nur bedrohlich, also dissoziierend auf jene Figuren, die sich noch zu einem Teil den künstlichen Welten der Menschen, den Städten und Häusern, verhaftet fühlen, wie etwa Veronika[185] oder der erwachsene Medardus[186]. Die paradiesischen Utopien, zu denen sich die Helden hingezogen fühlen, bestehen jedoch stets aus dem Einklang mit einer Familie und mit der Natur. Hier wird die Natur zu einem nahezu geschichtslosen Raum, der einen Ausstieg aus dem gesellschaftlichen Prozess in die Zeitlosigkeit verheißt. Das Verlaufsschema, welches Safranski als typisch für die Hoffmannschen Erzählungen feststellt, greift daher nicht ganz:

182 Vgl. etwa das Zitat auf S. 35 mit der Fußnote 159.

183 Vgl. Poe, Edgar Allan: Der Maelstrom. In: Novellen des Todes. Weimar 1917. S. 64-91.

184 Apel, Friedmar: Deutscher Geist und deutsche Landschaft. Eine Topographie. München 1998. S. 116-117.

185 Vgl. Der goldne Topf. S. 290-295.

186 Vgl. z. Bsp. Die Elixiere des Teufels. S. 52-53.

> „Da lebt jemand in einer beengenden, ängstigenden Wirklichkeit. Ihre Zumutungen sind übermächtig. [...] viele seiner Helden [fühlen] sich als Gefangene ihres Berufs, ihres Herkommens, der Konventionen, der Erwartungen der Umwelt. Besonders eng wird es, wenn sogar der eigene Körper zum Gefängnis wird. [...] Wenn ein Begehren erwacht – und es erwacht vor allem in der großen Leidenschaft der Liebe – und es an diese Grenzen stößt, dann kann das Drama beginnen: [...] Es muß zur Krisis kommen, weil es, so Hoffmann, eine nicht tilgbare Differenz zwischen Imagination und Verkörperung gibt.“[187]

Tatsächlich steht aber hinter der Beengung des Raumes und der Zeit stets bereits *ursächlich* ein Begehren. Die hier verhandelten Texte erzählen im Grunde nur von drei wesentlichen verschiedenen Zeiträumen:

1. Ein idyllischer Idealzustand in einer organischen Einheit, in der jedes Bedürfnis augenblicklich durch Familie und Natur gestillt wird.
2. Der durch eine ungestillte Begierde als schockhaft empfundene Eintritt in die Trennung des Raums in Körper und Dinge, die sich in der gesellschaftlichen Zeitrechnung und im gesellschaftlichen Warenverkehr manifestiert.
3. Entweder die erfolgreiche Lösung der Dissoziation durch den Ausbruch aus dem Körperlichen in die Transzendenz („Der goldne Topf“), beziehungsweise in die Innerlichkeit („Die Elixiere des Teufels“), oder die Vernichtung durch eine auch körperliche Dissoziation (Nathanaels zerschmetterter Kopf in „Der Sandmann“).

Die Bewegung ist nicht kreisförmig, da auch die erfolgreichen Lösungen der Dissoziation eine andere Qualität haben als die erinnerten Jugendidyllen des Archivars und des Medardus. Der mittlere Teil aber erweckt auf den ersten Blick einen beinahe zyklischen Eindruck, weil den Helden immer wieder dieselben oder ähnliche Figuren, Dinge oder Situationen begegnen. Tatsächlich aber haben Anselmus, Medardus und Nathanael gerade durch diesen Dèja-Vu-Effekt die Chance, sich über ihre Verhaltensmuster klar zu werden und die Feuerkreise der Begierde zu verlassen. Die Figuren gelangen an Punkte, die eine starke Parallelität zu anderen Punkten aufweisen, aber doch auf einer anderen Entwicklungsebene liegen. Anstatt als „labyrinthisch“, wie es Sabine Hillebrand tat[188], lässt sich die Struktur daher besser als „spiralförmig“ beschreiben.

> „Spiralen entstehen oft in der belebten Natur, wenn während gerichteten Wachstumsprozessen durch Anfügung neuer Elemente an unverändert bestehende ein Form-Modul beibehalten werden soll. Spiralen sind ein geometrischer Ausdruck der Antwort des Organismus auf die Aufgabe, Formen während dieser Art von Wachstum ähnlich zu halten, weil Form oft Funktion hat und diese Funktion über lange Wachstumsperioden aufrecht erhalten werden muss.“[189]

---

187 Safranski, Rüdiger: E. T. A. Hoffmann. S. 408-409.

188 Hillebrand, Sabine: Strategien der Verwirrung. Mainz 1997. S. 10-11.

189 Hottinger, Lukas: Spiralige Schalen. In: Die Spirale im menschlichen Leben und in der Natur - eine interdisziplinäre Schau. Herausgegeben von Hans Hartmann und Hans Mislin.

Die wiederholte Dissoziationserfahrung führt den Verlust der alten Einheit vor Augen und motiviert den Versuch, eine neue Einheit herzustellen. So unheimlich die Begegnung mit den verschiedenen Inkarnationen desselben Wesens oder Dinges auch wirken mag, so produktiv kann sie auch sein, weil sie die Illusion des diesseitigen Raum-Zeit-Kontinuums erschüttert, in dem sich das aufgeklärte Bürgertum einrichten will.

2. Zeit und Raum bei David Lynch

a) Zeit und Raum in „Blue Velvet"

> „Der Geist schaute auf das Wasser, da bewegte es sich und brauste in schäumenden Wogen und stürzte sich donnernd in die Abgründe, die ihren schwarzen Rachen aufsperrten, es gierig zu verschlingen. Wie triumphierende Sieger hoben die Granitfelsen ihre zackicht gekrönten Häupter empor, das Tal schützend, bis es die Sonne in ihren mütterlichen Schoß nahm und, es umfassend, mit ihren Strahlen wie mit glühenden Armen pflegte und wärmte. Da erwachten tausend Keime [...] und wie lächelnde Kinder in grüner Wiege ruhten in den Blüten und Knospen Blümlein, bis auch sie, von der Mutter geweckt erwachten"[190].

Soweit der Schöpfungsbericht des Archivars in „Der goldne Topf".
Zu Beginn von „Blue Velvet" ´schaut` die Kamera auf einen Samtvorhang, der das ganze Bild ausfüllt und dessen hell- und dunkelblaue Wellen im Luftzug wogend den Eindruck eines Meeres erwecken. Dass es darunter abgründige Tiefen geben könnte, deutet nach einem eröffnenden Trommelwirbel die opernhafte Musik an, deren dramatische Streicher- und wehmütige Klarinettenpassagen von tiefen zu hohen Tönen und zurück ´schlingern`. Der ausklingenden Musik folgt ein Schnitt auf eine Einstellung aus der Froschperspektive. David Lynch begründete dies wie folgt: „...es mußte dieser Winkel sein, weil es ein Bild aus der Kindheit ist."[191] Zu sehen sind ein Himmel, der sich vom Dunkel des Weltalls am oberen Bildrand zu tiefem Blau verfärbt und in den hinein sich weiße Gartenzaunzacken bohren, unter deren Schutz wiederum Rosen blühen, leuchtend rot im Sonnenschein. Der weiche Samtvorhang, auf den das Bild des Himmels folgt, ist ebenso „weiblich" besetzt, wie der Bau des Gartenzauns in der patriarchalischen Tradition dem Familienvater zukommt, der dann auch kurz darauf beim Gießen der Blumenbeete gezeigt wird. Der Filmanfang vollzieht den Schöpfungsakt eines Kleinbürgerparadieses nach, dessen märchenhafte Entrücktheit durch Zeitlupenaufnahmen betont wird. Doch anders als in den Kindheitserinnerungen des Medardus in „Die Elixiere des Teufels"[192] sind die Schlangen bzw. schädlichen Insekten bereits ein Teil dieses

---

Basel 1985. S.46.

190 Der goldne Topf. S. 254.

191 Lynch, David: Lynch über Lynch. S. 187.

192 Vgl. Fußnote 160, S. 35.

Garten Eden: Als Mr. Beaumont der Schlag trifft, stürzt er quer über die sorgsam durch Bindfäden markierten Blumenbeete in eine Unterwelt der Käfer.

> „um Strukturen näher besehen zu können, muß man den Gegenständen und ihren Oberflächen so nahe kommen, daß sie sich im selben Augenblick in etwas aufzulösen scheinen, das mehr ist als bloße Zersetzung von etwas, was sichtbar wird: es ist Zersetzung als ein Anderes. So seziert am Anfang von *Blue Velvet* die Kamera die Bodenoberfläche und taucht in ein Meer von Käfern ein; zunächst erscheint der Boden nur wie eine einzige lebende, krabbelnde Bewegung [...]. Tritt die Textur hervor, löst sich jegliche Raumwahrnehmung auf“[193]

Der Schlaganfall ist auf der Ebene der *Histoire* zunächst nicht mehr als ein plötzlicher und unmotivierter Schock; doch seine Inszenierung in der Montage mit den vorangehenden Einstellungen deutet darauf hin, dass es durchaus tiefere Ursachen für die Auflösung der harmonischen Raumordnung gibt. So sieht Mrs. Beaumont im Fernsehen eine Hand mit einer Feuerwaffe, die, durch den Schnitt auf ihren Mann im Garten eben jenen zu bedrohen scheint. Zudem ist die Sequenz mit dem Lied „Blue Velvet“ unterlegt, das von einer unerfüllten, im Fetisch stagnierenden Liebe erzählt. Die Begierde auf Gewalt und Sex, die hinter den Zäunen, in den Abgründen unter dem Samtmeer warten, wurde durch das Fernsehen und den Schlager nicht genug domestiziert. Ebenso wenig der kleine Hund, der nicht wie Lassie, die US-amerikanische Verkörperung des Hundes als treuestem Freund des Menschen, Hilfe für Mr. Beaumont holt, sondern seinen wölfischen Instinkten gemäß nach dem Wasserstrahl des Gartenschlauchs schnappt[194] – auch dies ein durch die Zeitlupe noch betontes Bild unerfüllter, sinnloser Triebhaftigkeit. Dem Verlust des Paradieses folgt sofort eine räumliche und zeitliche Verortung. “Welcome to Lumberton!” steht auf einem Schild und eine Ansicht der Stadt vom Ufer des „Deep River“ aus wird von einer Radioansage begleitet:

> “Logs, logs, logs, glamour in the pines: Lumberton – USA! It’s a sunny, woodsy day in Lumberton, so get those chainsaws out. [...] At the sound of the falling tree... it’s 9:30.”

Die Parallelsetzung der Uhrzeit mit dem Ton des fallenden Baumes spielt auf das berühmte philosophische Dilemma an, ob ein umstürzender Baum auch ein Geräusch von sich gibt, wenn niemand anwesend ist, um es zu hören. Die menschliche Zeitkonstruktion wird somit einem davon unabhängigen, natürlichen Zeitverlauf gegenübergestellt, die Stadt als ein der Natur durch Rodung abgetrotzter Raum verdeutlicht. Beaumonts Sohn Jeffrey findet nun am Waldessaum etwas, das wie die ausgerissenen Augen in „Der Sandmann“ pars pro toto für die

193 Jerslev, Anne: David Lynch. Mentale Landschaften. S. 35.

194 Vgl. auch: Leiß, Pekka: Das Bild des Hundes in den Filmen von David Lynch. In: ´A Strange World.` S. 267-268.

insgesamt gestörte Einheit zwischen den Phänomenen und der subjektiven Wahrnehmung steht: Ein abgeschnittenes Menschenohr.

> „Im Lumberton wimmelt es von Schildern, jedes Gebäude, jedes Lokal trägt einen Namen, und deshalb werden im Film auch die Biermarken genannt: Die Schilder werden zu Labels, die Welt wird eingeteilt und katalogisiert [...]. Man könnte, so scheint es zumindest, ganz Lumberton zerlegen und problemlos wieder zusammensetzen wie die nummerierten Einzelteile bei einem Modellbausatz. Nur dem Ohr fehlt das Namensschildchen und das läßt Jeffrey keine Ruhe."[195]

Wie bereits durch das Instrumentalstück zu Beginn angedeutet, gestaltet Jeffreys Versuch, diese verlorene Einheit wiederherzustellen, sich als ein Umkreisen des Verbrechens aus hellen in dunkle (Farb-)Töne und wieder zurück,[196] die nicht immer, aber meistens dem Gegensatz von Tag und Nacht entsprechen. Das Deep-River-Apartmenthaus, in dem Jeffrey die verdächtige Sängerin Dorothy Vallens aufsucht, ist auch am helllichten Tag durch seine flackernde Innenbeleuchtung und die durch einen Schatten ´gespaltene` Außentreppe als ein Ort des Übergangs zwischen diesen Sphären gekennzeichnet.[197] Auch hier ist die Nacht der Ort – allerdings misslungener – Verwandlungen. Bevor Dorothys Erpresser Frank sie vergewaltigt, muss diese erst die Lichter löschen - „Now it's dark" – und darf ihn nicht anschauen. Zusätzlich muss er noch eine Droge inhalieren, um sein Raum- und Zeitgefühl zu vergessen. Erst jetzt ist Franks labile Familienvereinigung von Vater, Liebhaber und Sohn, Mutter, Liebhaberin und Tochter ungestört:

> „Baby wants to fuck! [...] Don't you fuckin' look at me! Baby wants blue velvet! [...] Daddy's comin' home! Mommy! Mommy!"

Auch die Verschmelzung der Jahrzehnte und Geschlechter, die Frank sich auf einem nächtlichen Abstecher zu dem effeminierten Zuhälter Ben erhofft, eine Playback-Performance des 50er-Jahre-Hits „In Dreams" von Roy Orbison, ist allzu offensichtlich Synthetik statt Synthese und wird frühzeitig abgebrochen:

> „Franks ´kleines Lied` über den Traumzustand als einzigen Zustand, mit dem Objekt seiner Begierde zusammensein zu können [...] ist eine defekte [...] Krücke. Eine Art löchriger Schutzschild, der das verletzte und/oder ´böse` Kind in Frank zum Vorschein kommen läßt."[198]

---

195 Fischer, Robert: David Lynch. S. 115.

196 Vgl. ebd. S. 10.

197 Hans Heydebreck deutete daraufhin, dass "Deep River" in der Sprache der afroamerikanischen Spirituals den Jordan bezeichnet. Vgl. Heydebreck, Hans: Fire walk with me. Feuer, Wasser, Erde, Luft: Die Elemente in den Filmen David Lynchs. In: ´A strange world`. S. 286.

198 Neidhart, Didi: From Blue Velvet Underground to Wild Mainstream. S. 304-305.

Wie Medardus am Beispiel seines Doppelgängers muss Jeffrey am Beispiel Franks erkennen, dass sich die verlorene Einheit sich nur im virtuellen Raum des Traumes, nicht aber im materiellen Raum erreichen lässt, so gewaltsam sein spiegelbildlicher Widerpart – „You're like me", sagt Frank hellsichtig zu Jeffrey – dies auch erzwingen will. Der „Sandman", von dem Roy Orbison in „In Dreams" zu Franks schmerzlicher Ergriffenheit singt, übernimmt eine ebenso fatale Rolle wie „Der Sandmann", denn wie dieser blendet er die Wahrnehmung der Menschen durch die Illusion einer endgültigen Aneignung des Sexualobjektes durch das träumende Subjekt: „In dreams you're mine all the time...[...] ...but just before the dawn I awake and find you gone." Frank wird selbst zu einer Inkarnation des „Sandmans". Während letzterer Sternenstaub in die Augen streut, verkauft Frank Drogen. Wie der Wetterglashändler Coppola im Naturforscher Spalanzani hat auch er einen bürgerlich anerkannten Verbündeten in dem Polizisten Gordon, durch den er seine Macht auch auf den Tag ausdehnen kann: „Gordon went right up to 'em in broad daylight, 'cause he's the man, right?"

> „die Droge ist [...] nur ein Bild für einen besonderen Kreislauf von Energie und Ausbeutung. Frank Booth und die Seinen sind ein notwendiger Teil des Kapitalismus und sie deuten nicht zuletzt auf das Infantile dieses Systems, auf die Gewalt, die aus der Unmöglichkeit kommt, das Glück zu finden."[199]

Lumberton, das den Bürgertriumph über die besiegte Natur bereits im Namen trägt (Lumber = Nutzholz) und in dem Jeffreys Vater mit Sägen, Äxten und Pestiziden handelt, ist ein Ort, in dem auf verschiedenen Zeitebenen zugleich immer wieder der Kreis zwischen Dissoziationserfahrung und auf Dauer erfolglosen Vereinigungsversuchen geschlossen wird. Schon die Farben der zweiten Einstellung, das Himmelsblau, das Zaunlattenweiß und das Rosenrot sind, wie Georg Seeßlen bemerkte, zugleich auch die Farben der US-amerikanischen Nationalflagge.[200] Dass es sich hierbei nicht um eine zufällige Konvergenz handelt, wird durch die Sternschnuppen erhärtet, die den Himmel durchziehen. Doch das verfassungsmäßig festgehaltene Ziel von „God's own country", die Befriedigung aller Bedürfnisse durch „the pursuit of happiness", wird durch die historische Entwicklung negiert: „Lincoln" heißt das tabuisierte Viertel, in dem Dorothy wohnt, wie der Präsident, der durch den Bürgerkrieg die Einheit der Vereinigten Staaten zu bewahren trachtete, Frank, der Dorothy terrorisiert, heißt mit Nachnamen „Booth", wie der Attentäter, der gerade in Lincoln den Verursacher der US-amerikanischen Zerrissenheit sah. Selbst die Nord-Süd-Dichotomie Hoffmanns hat so eine Parallele in dem Gegensatz zwischen der ruhigen Nordstaatenstadt Lumberton und dem impulsiven „Südstaatler" Frank Booth. Noch häufiger durchdringen sich die Zeit der 1980er und der 1950er Jahre: Die altmodischen Fernseher haben

199 Seeßlen, Georg: David Lynch und seine Filme. Marburg 2000. S. 88.
200 Seeßlen, Georg: David Lynch und seine Filme. S. 78.

Antennen wie Insektenfühler, die Figuren hören – mit einer signifikanten Ausnahme, auf die noch zurückzukommen sein wird - ausschließlich Musik aus dieser Ära, Dennis Hopper ist als Frank mit Lederjacke, Pomade und ziellosen Autospritztouren eine gealterte, aber nicht entwickelte Version des Mitgliedes einer Jugendgang, das er als einer von James Deans Gegnern in „...denn sie wissen nicht, was sie tun"[201] spielte, während Sandy ein Foto von Montgomery Clift an der Wand hängen hat. Bezeichnenderweise handelt es sich dabei um ein Bild des gealterten Clift, der bereits durch die Folgen eines Unfalls und seines Alkoholismus gezeichnet ist, wie sich überhaupt die Reminiszenzen an jene Stars der 50er Jahre richten, die in einem zerstörerischen Zwiespalt mit ihrem Image lebten, so Clift, Roy Orbison oder Marilyn Monroe, deren Zeile „Where's the Bourbon?" Frank bei seinem ersten Auftritt übernimmt: Jenen Satz, an den sich Monroe im Zustand psychischer Zerrüttung während der Dreharbeiten zu „Manche mögen's heiß"[202] auch nach der x-ten Wiederholung nicht erinnern konnte. Dorothy[203] trägt den Namen und die roten Slipper jener Rolle, mit der Judy Garland im Märchenfilm „Das zauberhafte Land"[204] zum Kinderstar wurde – auch sie verfiel später, in den 1950er Jahren dem Alkoholismus. Die Filme des früheren Hollywood werden somit als eine romantische Märchenwelt beschworen, die gleichzeitig durch das Wissen um die Diskrepanzen zwischen Rollen und Schauspielern dekonstruiert wird.

> „In Lynchs Hyperrealität ist das Märchen nicht mehr symbolische Repräsentanz der Wirklichkeit (wo das Märchen ist, kann Wirklichkeit nicht sein, und umgekehrt), vielmehr läßt sich beides nicht trennen. [...] Wir befinden uns zugleich in den fünfziger und in den achtziger Jahren, in einer Märchenwelt und in realistischen Bildern, in einer Welt der Dinge und in einer Welt der Symbole. [...] Jedes Bild in BLUE VELVET stellt einen Übergang dar; jedes Bild ist eine Pforte, und nicht ein einziges läßt uns einen Moment in der Sicherheit *einer* Welt."[205]

Je stärker die Grenzen dieser Welten verschwimmen, desto stärker auch die der Einstellungen, bis die Durchquerung des Raumes schließlich nicht mehr durch die Montage, Kamerafahrten oder die Bewegungen der Schauspieler geleistet wird, sondern durch Überblendung. Frank ist überall und nirgends. Er beamt sich durch eine Krümmung des Raums von einem Platz zum anderen: In Bens Bordell verschwindet seine Gestalt plötzlich aus einer Einstellung, nur sein Lachen hallt über dem entleerten Bild nach.[206]

---

201 Rebel without a cause. USA, 1955. Regie: Nicholas Ray.

202 Some Like it Hot. USA, 1959. Regie: Billy Wilder.

203 Dorothy wurde mit Isabella Rosselini besetzt, der Tochter Ingrid Bergmans, welche in den 50er Jahren ihrer unehelichen Verbindung mit Roberto Rosselini wegen die USA verließ.

204 The Wizard of Oz. USA, 1939. Regie: Victor Fleming.

205 Ebd. S. 88.

206 Pabst, Eckhard: ´He will look where we cannot`. Raum und Architektur in den Filmen David Lynchs. In: ´A Strange World`. S. 13.

Die Sequenz, in der Frank Dorothy vergewaltigt und dabei zwischen verschiedenen Rollen oszilliert, bildet nicht nur eine siebzehnminütige Einheit aus Erzählzeit und erzählter Zeit[207], sondern spielt sich auch in einem Raum ab, der durch seine Wände in ihrem fließenden, fleischfarbenen Rosa einer „Gebärmutterhöhle"[208] gleicht. Hier wird klar, welcher Abgrund hinter dem Samtvorhang aus der ersten Einstellung liegt: Er entpuppt sich als der Saum des Nachthemdes, unter dem Dorothy für Frank die Beine spreizt. „Im Vorhangmotiv wird der ´vollkommene Zusammenhang der Unterscheidung` [...] unmittelbar verständlich: Es rückt das Vorenthaltene in greifbare Nähe und entrückt doch das Greifbare in unfaßliche Distanz."[209] Wie der Voyeur Nathanael durch den Vorhang des Schrankes seinen Vater mit Coppelius und durch die Fenstergardinen Olimpia beobachtet, so stillen auch Frank und Jeffrey ihre Neugier durch die Bühnenvorhänge im Nachtclub und in Bens Bordell, bzw. durch die Ritzen des Kleiderschrankes. Wie für Medardus der Handschuh seiner Angebeteten ist für Frank der Samtgürtel der Fetisch, über den er versucht, die in der Kindheit verlorene Einheit wiederherzustellen, indem er ihn als Nabelschnurimitat benutzt und das eine Ende Dorothy, das andere sich in den Mund steckt. Die zeitweilige körperliche Vereinigung im Koitus bleibt selbst nur ein fetischhafter Ersatz des kindlichen Paradieses. Erst die „Entrückung der Frau in den Zustand ultimativer Unschuld rückt auch die Liebe in die Sphäre des Himmels".[210] Diese eher ideelle Liebe verkörpert die Bürgerstochter Sandy. Während Jeffreys Frisur eine dunkle Welle über die linke Seite seiner Stirn wirft, ist ihre in einer blonden Welle über die rechte Seite gekämmt. Sie wird als naiv-unschuldig dargestellt – „It *is* a strange world!" – aber ihre kindliche Hoffnung steigert sich im Kampf um Jeffreys Seele zu religiöser Emphase:

> „I had a dream. In fact it was the night I met you. In the dream, there was our world and the world was dark because there weren't any robins. And the robins represented love. And for the longest time there was just this darkness. And all of a sudden thousands of robins were set free. And they flew down and brought this blinding light of love. And it seemed like that love would be the only thing that would make any difference. And it did."

Auch der Soundtrack scheint in Sandys Sequenzen einen Ausweg aus dem hoffnungslosen Begehren aufzuzeigen, von dem Franks Wunschkonzert aus „Blue Velvet", „In Dreams" und „Love Letters" erzählt. Die Textzeilen der 50er-Jahre-Oldies dienen Frank als Zaubersprüche, mit denen er Jeffrey in eine beinahe hypnotische Trance versetzt: „In dreams you're mine..."[211] Die Musik, die Sandys

207 Vgl. Fischer, Robert: David Lynch. S.122.

208 Jerslev, Anne: David Lynch. Mentale Landschaften. S. 139.

209 Pabst, Eckhard: ´He will look where we cannot.` S. 19.

210 Koll, Gerald: Say: ´Fuck me!` Invitation to Love. Frauen, ERotik und deR veRgewaltigende Buchstabe. In: ´A Strange World`. S.177.

211 Vgl. Neidhart, Didi: From Blue Velvet Underground to Wild Mainstream. S. 306.

Vision begleitet, sowie das Lied "Mysteries of Love", zu dem sie mit Jeffrey tanzt, bestehen dagegen aus sphärischen, an Orgeloratorien erinnernden Keyboardklängen und wird von hellen Chören, bzw. von Julee Cruise begleitet, die von einem gemeinsamen Zerfließen im Äther singt: „Sometimes a wind blows and you and I float in love and kiss forever in a darkness and the mysteries of love come clear in you, in me, and show that we are love."[212]
Schon die Häufung der Konjunktion „and" in den beiden obigen Zitaten ist ein Indiz dafür, dass hier eine Möglichkeit zur Überwindung der Dissoziation aufscheinen *könnte*.

b) Zeit und Raum in „Wild at Heart"

„Wild at Heart" ist ein Road Movie. Doch wie in "Die Elixiere des Teufels" ist das Fortschreiten hier keineswegs mit einem Fortschritt in der geistigen Entwicklung gleichzusetzen. Schon die Titelmusik schafft in diesem Zusammenhang die erste Irritation: Es handelt sich um Richard Strauss' elegische Vertonung von Eichendorffs „Im Abendrot", einem Gedicht über Todessehnsucht am Ende des Lebensweges.

> „Der Film scheint diesen [...] Traum von Progression, der im Reisemotiv liegt, dadurch zu widerlegen, daß sich die Kamera nie *durch die Windschutzscheibe nach außen* auf die offenen Weiten dreht. Das einzige Mal, da wir mit Lulas Augen aus dem Wagen hinausschauen, ist es stockfinster. Die typische Kameraeinstellung blickt hingegen durch die Windschutzscheibe in das Auto *hinein*. Dies ruft eine klaustrophobische Stimmung hervor, obwohl das Auto die Straßen entlangrast."[213]

Dieser Eindruck der Gefangenschaft im bewegten Raum des Wagens, entsteht auch durch die Parallele zu einer Einstellung, die dem Road Trip vorangeht und in dem sich vor dem Helden Sailor die Tür einer Gefängniszelle schließt, deren Gitter die Tiefe des Bildes ebenso spalten wie später die Windschutzscheibe. Tatsächlich führt die Bewegung nur in immer engere Schranken, schon zu Beginn des Filmes: Zwei geöffnete Türen einer Tanzhalle sind zu sehen. In der von der Kamera aus linken bleibt ein Liebespaar stehen, die Frau im rosa Kleid, der Mann im eleganten Anzug. Etwas weiter vor der Tür steht ein älteres Pärchen, das sich ebenfalls zärtlich zugeneigt ist. In der rechten Tür steht Lula, ebenfalls im rosa Kleid. Sie wartet auf den etwas rebellischer, weil locker gekleideten Sailor, der ihr jedoch nur einen flüchtigen Kuss gibt, sie dann beiseite stellt und neben ihr die Treppe hinunter geht, ohne ihre Hand zu ergreifen oder seinen Arm um sie legen. Bereits

212 Die elektronische Musik der 1980er New-Age- und Dark-Wave-Richtungen hatte nicht von ungefähr großen Einfluss auf die schwarzromantische Gothic-Szene, in der das Ideal der zierlich-körperlosen Kindfrau besonders häufig durch Bulimie oder Magersucht kultiviert wird.

213 Jerslev, Anne: David Lynch. S. 168.

hier deutet sich ein Muster des Films an: Sailors Vorwärtsdrang verhindert immer wieder die gemeinsame Zukunft der Beiden, wie sie das ältere Paar dem jüngeren auf der linken Seite verheißt, stattdessen führt er ihn zweimal ins Gefängnis. Das Versprechen, das Lula Sailor gibt - „I'd go to the far end of the world for you, baby" –, hält sie im Verlauf des Films mit ständig abnehmender Begeisterung. Tatsächlich ist sie von Anfang an eine Gegnerin des Verkehrs:

> „They still got way too much traffic there for my taste. Have you been noticin' the build up in traffic? [...] I'm sorry, Sailor, but that ozone layer is disappearin'. One of these mornings, the sun's gonna come up and burn a hole clean through the earth like an electrical X-ray."

Bewegung, das verdeutlicht der Film durch dieses Zitat, wie auch durch die ständigen Nahaufnahmen brennender Streichhölzer und verglimmender Zigaretten, erzeugt verzehrende Reibungshitze. Sailor dagegen, der in dieser Sequenz wie ein Kind, das zu früh ins Bett geschickt wurde, ein Radio auf seinen Fußsohlen balanciert und mit dem Kabel spielt, vertritt das verantwortungslose Vertrauen auf die Zeit:

> „That will never happen, honey. At least not in our lifetime. By then, they'll be drivin' Buicks to the moon."

Wenn Sailors Bewegungsdrang sich in Sex oder Gewalt artikuliert, steigert sich das Tempo der Montage[214], bis hin zu dem Tanz, bei dem er Kung-Fu-Tritte und Stellungen des Geschlechtsverkehrs simuliert und in dem der in Rotlicht getauchte Raum in den Blitzen des Stroboskoplichts regelrecht zersplittert, so wie die unter der Hitze geplatzte Fensterscheibe in Lulas Kindheitserinnerung an den Flammentod ihres Vaters.
Sailor und Lula sind beide „in die Welt getreten" auf der Flucht vor den Traumata, die sie schon früh ihrer familiären Geborgenheit beraubten und die beide durch das Element Feuer verknüpft sind, traditionell ein Symbol für die Vergänglichkeit von Raum und Zeit steht[215]: Sailors Mutter starb an Lungenkrebs, Lula wurde erst von einem kriminellen Geschäftspartner ihres Vaters missbraucht, dann Zeugin, wie ihr Vater mitsamt des Familienhauses von einen weiteren Partner aus der Unterwelt in Brand gesteckt wurde. Noch augenscheinlicher wird diese Ähnlichkeit zu Nathanaels Schicksal in „Der Sandmann" durch das, was Lula über ihren Cousin Dell erzählt: Dieser konnte sich nicht damit abfinden, dass Weihnachten, der Tag der familiären Harmonie, der Tag auch der Erfüllung von Kinderwünschen, nicht zeitlos das ganze Jahr über anhält. Er steigerte sich in den Verfolgungswahn hinein, dass Wesen aus dem Weltraum mit schwarzen Gummihandschuhen ihn jagten, um den Geist der Weihnacht zu zerstören. „Aunt Rootie told Dell that one day he

214 Vgl. Füller, Ralfdieter: Fiktion und Antifiktion. S. 92.
215 Vgl. Heydebreck, Hans: Fire walk with me. S. 291-294.

would realize, that the alien wearing the black gloves was him and him alone." – "Es ist das Phantom unseres eigenen Ichs, dessen innige Verwandtschaft und dessen tiefe Einwirkung auf unser Gemüt uns in die Hölle wirft, oder in den Himmel verzückt"[216], schreibt Clara dem scheinbar paranoiden Nathanael.
Die Gangster, die Sailor und Lula verfolgen, tragen ebenso irreale Züge, zwar nicht des Außer-, dafür des Überirdischen: Das Oberhaupt des Drogendealerrings heißt „Mr. Reindeer" (= Renntier) und trägt auch einen weißen Bart wie der Weihnachtsmann. Das Erkennungszeichen der Killer ist die Silbermünze, die im antiken Griechenland den Toten als Fährgeld von Charon auf die Augen gelegt wurde. Die mexikanische Berufskillerin Juana hat wie der Teufel einen linken Klumpfuß und steht unter dem Bann eines schwarzen Voodoo-Priesters. Bobby Peru („Like the country") wird von Lula als „schwarzer Engel" bezeichnet und trägt eine schwarze Lederjacke mit Fransen wie die Schurken in Western-Filmen. Das Reich dieser Dämonen ist der Südosten der Vereinigten Staaten – die afroamerikanische Metropole New Orleans, die texanische Wüste und Mexiko. Hingegen liegt das nie erreichte Ziel von Sailor und Lula im kalifornischen Westen und die gute Hexe des Nordens erscheint Sailor zur Läuterung. Folgerichtig beginnt das Dilemma von Sailor und Lula in „Cape Fear, somewhere near the border between North and South Carolina", wie eine Texteinblendung ebenso geographisch ungenau, wie metaphorisch präzise verkündet.
Dieser Gegensatz zwischen den nordwestlichen und den südöstlichen Gefilden ist so eindeutig als märchenhaft gekennzeichnet, dass er nur oberflächlich von einem reaktionären, rassistischen Weltbild kündet, wie dies etwa Robert Fischer konstatierte.[217] Tatsächlich tragen die eindimensional bösen und fremdartigen Figuren nur die dunklen Seiten jener Figuren nach außen, die in sich gespalten sind. So die blonde, in Weiß oder Blau gekleidete Mutter Lulas, Marietta, die ein Doppelleben als „die böse Hexe des Ostens" aus „Das zauberhafte Land" führt. Sie setzt die tödliche Maschinerie des Verbrecherrings erst in Gang, so wie sich Sailor ohne Zwang auf Bobby Peru einlässt. Die dunklen Doppelgänger drohen den Raum jener einzunehmen, von denen sie gerufen wurden: Zuerst sitzt Sailor neben Lula am Steuer, dann ist er Bobbys Beifahrer, schließlich wird er auf den Rücksitz verbannt, während Bobby die Lenkung übernommen hat und neben ihm Perdita sitzt, Lulas Komplementärfigur, deren Verworfenheit sich schon daran zeigt, dass ihre blonden Haare dunkle Spitzen haben und sie dichte, schwarze Frida-Kahlo-Augenbrauen trägt.
Wie den Helden Hoffmanns gelingt Sailor (= Seemann) der entscheidende Bewusstseinssprung erst in der unfreiwilligen Bewegungslosigkeit. Während er im Gefängnis sitzt, ist er gleichzeitig in Mariettas Kristallkugel gefangen. „Diese Kristallflasche ist jedoch nicht Gefängnis, auch wenn es als solches erlebt wird; es ist der ganzen Form und Eigenschaft nach der Athanor [= der Alchemistenofen],

216 Der Sandmann. S. 15.
217 Fischer, Robert: David Lynch. S. 203.

der verwandelt und läutert."[218] Auch in Sailors Fall trägt die „Correctional Institution" ihren Namen nicht zu Unrecht: Nach seiner ersten Entlassung kann er den Kampf auf dem Konzert schnell deeskalieren, wohingegen er zuvor einem Angreifer den Schädel zertrümmerte, nachdem er ihn längst entwaffnet hatte. Doch die physisch erfahrene Sühne genügt noch nicht, ebenso wie Medardus muss Sailor erst eine transzendente Erfahrung machen. Als er von einer Straßenbande niedergeschlagen wird, erscheint ihm in einer Vision die gute Hexe des Nordens. Sie erscheint in einer kreisförmigen Aura, die der Kristallkugel Mariettas ähnelt. C. G. Jung schrieb über den alchemistischen Schmelztiegel:

> „Dieses Gefäß muss durchaus rund sein, damit es den sphärischen Kosmos nachahme [...]. Es ist eine Art von ´matrix` respektive ´uterus`, aus welchem der [...] wundersame Stein geboren wird."[219]

Erst nach dieser ´Wiedergeburt` kann Sailor seinen Streit mit den Gangmitgliedern schlichten, bezeichnenderweise über die Wagendächer eines Verkehrsstaus hinweg zurück zu Lula springen und für sie „Love Me Tender" singen. Dieses Lied weist zurück zum Mythos der heilen 50er Jahre, weil es von zärtlicher, erfüllender Liebe erzählt, während der Song „Love Me", den Sailor zuvor singt, von einer obsessiven, sadomasochistischen Liebe handelt. Beide Lieder wurden durch Elvis Presley erfolgreich und symbolisieren die Zerrissenheit nicht nur Presleys selbst, sondern der US-amerikanischen Jugend in den 1950er Jahren insgesamt. Daher ist auch die folgende Kritik Didi Neidharts unzutreffend:

> „Elvis ist in WILD AT HEART nur noch ein Klischee, das sich auf ´Schnulze` und ´Kuschelsong` reimt. Ein Mainstream-Diskurs, der Elvis` Sündenfälle [...] ausblendet, weil sie sich nicht mit dem Land über dem Regenbogen vereinbaren lassen."[220]

Das Land über dem Regenbogen ist in „Wild at Heart" keineswegs die eigentliche Bestimmung, sondern eine infantile Wunschprojektion Lulas, übrigens ebenso wie in der Vorlage „Das zauberhafte Land", in dem Dorothy aus Oz die Lehre mitbringt, dass es nirgends so schön ist wie zuhause. Die Slumstraße, auf der Sailor zuletzt der Verantwortung der Vaterschaft entkommen will, ist mit gelben Streifen markiert: Sie ist die „Yellow Brick Road", auf der Dorothy durch das Land Oz nach Hause wandern möchte, ohne zu ahnen, dass diese Reise völlig unnötig ist, weil es einen Glaubensakt verlangt, um an ihr Ziel zu gelangen. Die ruhelose Flucht vor dem Erwachsenwerden dagegen führt über zwangsläufige Enttäuschungen zu aggressiver oder devoter Sexualität, über Sailors und Lulas Vorbilder Marlon

218 Stiasny, Kurt: E.T.A. Hoffmann und die Alchemie. Aachen 1997. S. 44.

219 Jung, Carl Gustav: Paracelsus als Arzt. In: Gesammelte Werke. Band 15. Freiburg 1971. S.29.

220 Neidhart, Didi: From Blue Velvet Underground to Wild Mainstream. In: ´A strange world`. S. 309.

Brando[221] und Marilyn Monroe hin zu dem Vietnam-Kriegsverbrecher Bobby Peru, also zum „Verlust der nationalen Unschuld". Als das Autoradio ausschließlich Nachrichten über Gewalt und Tod sendet, die in ihrer Masse apokalyptisch wirken, zitiert Lula auch den Film „Die Nacht der lebenden Toten"[222], dem ersten beim breiteren Publikum erfolgreichen Splatterfilm, in dem die Verwandlung amerikanischer Durchschnittsbürger in kannibalische Zombies mit anno 1968 ungewohnt expliziten Gewaltszenen und deutlichen Vietnam-Anspielungen dargestellt wird.

> „Diese Referenzen bewirken eine Art Verschiebung und ein Zucken in den Bildern, das ihnen den Charakter der Doppelexponierung, zweier übereinander kopierter Bilder, verleiht. [...] Die Zitate verankern die Bilder kraft ihrer Ähnlichkeit zu anderen Bildern in einem wieder erkennbaren Raum."[223]

Einmal mehr also führt die durch die räumlich-zeitliche Verdoppelung erfahrene dissoziative Verwirrung erst zur Erkenntnis einer Zusammengehörigkeit:

> „Es gehört zum Wesen der Grenze, daß sie die Dinge zwischen denen sie verläuft, nicht einzig trennt und voneinander separiert, sondern gerade dadurch auch zusammenschließt. [...] David Lynchs Filme handeln vom Verlust der Einheit; sie erzählen von Begeg nungen, die sich nur ereignen können, weil das sich Begegnende noch getrennt ist."[224]

Diese verlorene Eintracht wird wiederum zu Beginn des Films in der Entstehungszeit der Vereinigten Staaten verortet: In der Kuppeldecke der Tanzhalle, die mit ihren mannigfaltig ineinander verschlungenen antiken Mustern und Motiven die Wiedergeburt des klassischen Altertums in der Demokratie der US-amerikanischen Gründerväter postuliert.[225]

c) Zeit und Raum in „Lost Highway"

Schon zu Beginn von „Lost Highway" ist die Auflösung von Raum und Zeit weit fortgeschritten und doch wird der Anti-Held Fred Madison seine Synthese mit der metaphysischen Dimension zum Ende des Films nicht vollzogen haben. Der „Lost Highway" des Titels bezieht sich natürlich nicht allein auf jene Straße, über den Fred in der letzten Sequenz vor der Polizei flüchtet, vielmehr befinden sich Fred

---

221 Insbesondere in: Der Mann in der Schlangenhaut. The Fugitive Kind. USA 1960. Regie: Sidney Lumet.

222 The Night of the Living Dead. USA 1968. Regie: George A. Romero.

223 Jerslev, Anne: David Lynch. S.37-38.

224 Pabst, Eckhard: 'He will look where we cannot.' S. 11.

225 Insbesondere Thomas Jefferson hatte seinem Sinn für politische Symbolik durch die Förderung klassizistischer Tempelbauten Ausdruck verliehen. Vgl. Kerlen, Dietrich: Edgar Allan Poe. Der schwarze Duft der Schwermut. Berlin 1999. S. 42. Noch der Attentäter Booth rief nach der Ermordung Lincolns die Worte des Brutus aus: „Sic semper tyrannis!"

und sein Alter Ego Pete die gesamte Handlung über auf dem falschen Weg. Der Lost Highway zieht sich auch durch das Haus der Madisons oder durch die Gefängniszelle. Drehli Robniks Sichtweise dessen, was Wohnen in diesem Film bedeutet, führt in die Irre: „Wohnen heißt [...]: Stillstellung von Aktionen und physischer Bewegung zugunsten der bedrückenden, klaustrophoben Gestimmtheit endlosen Wartens..."[226]
Tatsächlich zeigen die meisten Einstellungen aber Fred dabei, wie er fieberhaft seine Wohnung durchquert. „Im fließenden Rhythmus zwischen den frei in den Raum eingestellten Wänden durchdringen engere und weitere Sphären einander und stehen damit in gewissem Widerspruch zu den blockhaften Konturen des Außenbaus..."[227] Fließend ist dieser Rhythmus aber trotz einiger längerer Einstellungen oder Kamerafahrten nicht, eher stakkatohaft, da die Semi-Wände den räumlichen Zusammenhang zerschneiden und Ecken schaffen, die von Tages- wie Kunstlicht unberührt bleiben, horizontale Abgründe sozusagen. Diese Architektur gehorcht keiner anderen Logik als der eines Irrgartens. Bereits in Dorothys Apartment von „Blue Velvet" und in der texanischen Absteige von „Wild at Heart" hatte es im Konkavschwung ausgeführte Zimmerecken gegeben, die aber nicht, wie Pabst meinte, „ein flexibles, organisches Baumaterial"[228] suggerieren, sondern eben den ganzheitlichen Eindruck der „aus zäher Masse in Form gegossen[en]"[229] Außenwände stören. Wenn Figuren ihre Köpfe hinter solchen Ecken hervorstrecken, deutet dies nicht einen geglückten „Geburtsvorgang" an, sondern veräußerlicht die innere Dissoziation der Protagonisten. Die Raumzerteilung der ins Bild rückenden Kader übernimmt so eine Funktion, die in anderen Sequenzen der Montage oder der Licht- und Schattendramaturgie zukommt, so etwa in der Darstellung von Freds ekstatischem Saxophonspiel:

> „Zum Anfang sehen wir ihn in den stroboskopischen Lichtblitzen, begleitet noch von der backing group, sein Solo endet mit einer vollkommen einsamen Folge von Tönen, die auch den Schutz eines Chorus einer Melodie verlieren, bis am Ende jeder Ton ein in sich selbst verhallender Schrei scheint. Fred ist nun in der Nahaufnahme ohne Zerhackung dem Blick ausgesetzt und sein Bild verschwindet ins Weiß."[230]

Doch nur kurz, es folgen kurze Einstellungen des eifersüchtigen Freds im Rotfilter. Es kommt nicht zur endgültigen Auflösung des Raums, lediglich zu einer Dissoziation in immer kleinere Teile. Das Eingehen des Selbst in Licht oder Dunkelheit, wie es sich Fred und Pete, Frank und Jeffrey, Sailor und Lula von der Musik, der Sexualität, der Nacht, der Sinnlichkeit des Südens oder der Weite der Wüste

---

226 Robnik, Drehli: Außengeräusche. Das Intervall, das Sprechen, das Wohnen, das Sound Design und das Ganze in den Filmen von David Lynch. In: 'A Strange World`. S.42.

227 Pabst, Eckhard: 'He will look where we cannot.` S. 17.

228 Ebd. S. 18.

229 Ebd.

230 Seeßlen, Georg: David Lynch und seine Filme. S.161.

versprechen, – gegen Ende von „Lost Highway“ bleiben all diese Elemente sogar im Ensemble enttäuschend – dieses Verschmelzen bleibt illusorisch, weil die Figuren dabei ihre Körper und den materiellen Raum nicht verlassen. So ist auch die Wohnung der Madisons – diese Festung, in der Fred seinen Traum einer monogamen Ehe verwirklichen will und welche Eindrücke der Außenwelt nur durch Jalousienspalten oder schießschartengroße Fenster einlässt – eine „Festung, in die der Feind schon eingedrungen ist, bevor sie richtig fertiggestellt oder bewohnt wird.“[231]

Fred will in narzisstischer Eifersucht Renee ebenso abschotten, wie Frank seine Mutter/Mätresse/Tochter Dorothy, Marietta ihre Tochter und, vorübergehend, Sailor seinen Familienersatz Lula. Anders akzentuiert liest sich die Charakterisierung Freds allerdings bei Maurice Lahde:

> „Fred Madison ist vielleicht die erste Lynch-Figur mit einer wirklichen Psyche; von der Naivität Jeffreys [...] ist nichts mehr übrig, diese Figur ist nicht nur zur Reflexion *fähig*, sie leidet geradezu unter Reflexions*zwang*, sie befindet sich in permanenter Auseinandersetzung mit sich und ihrer Welt (was Fred freilich nicht zu einer Erkenntnis führt, sondern ihn der Welt immer mehr entfremdet).“[232]

Fred *leidet* tatsächlich am Reflexionszwang, aber eben weil er versucht, die Auseinandersetzung mit seiner dunklen Seite zu meiden, ganz im Gegenteil zu dem voyeuristischen Jeffrey. Eine programmatische Aussage Freds lautet: „I like to remember things my own way. [...] No necessarily the way they happened.” Oder: „Tell me I didn’t kill her!“

Die verschwimmende Erinnerung findet ihre Entgegnung im Verschwimmen der Körperkonturen Freds mit jenem dunklen Gang, in dem er verschwindet, bevor er offensichtlich Renee ermordet. In der Gefängniszelle dagegen betont die Kamera insbesondere die grelle, vergitterte Deckenlampe. Durch eine Montage von Einstellungen der vergitterten Deckenbeleuchtung, von Renees blutigem Torso und dem an die Decke starrenden Fred wird klar, dass die Konzentration auf das Licht und die Zerteilung des Raumes Fred zwar davon abhalten, sich dem Trug physischer Diffusion hinzugeben, dass sie ihn aber dazu zwingen, Vergangenheit und Gegenwart geistig in Bezug zueinander zu setzen. Dies könnte den ersten Schritt zur Überwindung der Dissoziation bedeuten. Auch in „Die Elixiere des Teufels“ wird Medardus im Kerker von Schuldgefühlen heimgesucht:

> „In den wunderlichen Reflexen, die der düstre flackernde Schein der Lampe an Wände und Decke warf, grinzten mich allerlei verzerrte Gesichter an... [...] Oft war es mir, als hörte ich Euphemiens – Viktorins Todesröcheln: ´Bin ich denn schuld an euerm Ver-

231 Seeßlen, Georg: Ein endlos geflochtenes Band. In: Frankfurter Rundschau. 11. April 1997. S. 15.

232 Lahde, Maurice: ´We live inside a dream`. David Lynchs Filme als Traumerfahrungen. In: ´A Strange World`. S. 109.

> derben? wart ihr es nicht selbst, Verruchte! die ihr euch hingabt meinem rächenden Arm?"[233]

Schon bald dring eine Stimme aus dem Fußboden, doch das Schaudern tritt bald in den Hintergrund, weil Medardus sich von seinem Doppelgänger eine allerdings rein diesseitige Erlösung verspricht:

> „Schnell dachte ich Flucht und Rettung; alles Grauen überwunden, [...] fing [ich] an, den Mörtel zwischen den Steinen des Fußbodens emsig wegzubrechen. Der, der unten war, drückte wacker herauf."[234]

Die Ähnlichkeit des Mönchs mit seinem Doppelgänger rettet Medardus kurz darauf vor der Hinrichtung, enthält ihm aber die geistige Befreiung der Sühne vor. Ebenso muss Freds Flucht vor den blutigen Rückblendenbildern schon deswegen scheitern, weil er dabei dem Körperlichen so sehr verhaftet bleibt, dass er den Identitätswechsel als physische Verwandlung vollzieht: In seiner Todeszelle finden die Wächter eines Morgens den jungen Pete. Fred flieht somit nur von einem Raum in einen anderen Raum, verlässt aber nicht den Lost Highway. Die Orientierung, die der Tag (Petes Nachname ist Dayton) bringt, scheint präzise, wird sich aber bald als oberflächlich erweisen:

> „His name is Peter Raymond Dayton. 24 years old. Arrested 5 years ago for auto theft for which he was put on probation for one year. He lives with his parents, William and Candace Dayton, at 814 Garland Avenue."

Zunächst scheint die Metamorphose des alternden Mörders zum jugendlichen Kleinkriminellen zu glücken, "ändern sich Optik, Atmosphäre und Tempo radikal"[235].

> „Hier – [...] zwischen der 45. und der 110. Minute [...] läßt es sich eine Zeitlang durchaus gemütlich wohnen. [...] Dagegen entwirft vor allem das erste Drittel des Films ein raum-zeitliches Gefüge, in dem die Wahrnehmung nicht so leicht heimisch wird..."[236]

Doch die beinahe fötale Regression Freds zu Pete, der noch bei seinen Eltern wohnt und mit einer Jugendbande auf den obligatorischen Joyrides durch die Stadt fährt, ist nur noch eine äußerst notdürftige Rekonstruktion des Vorstadtidylls aus „Blue Velvet". Das elterliche Grundstück muss nun durch eine hohe Mauer geschützt werden, vor der immer noch winzig und sinnlos ein weißer Gartenzaun steht.[237] Zwar gibt es auch hier noch Spuren der 50er Jahre – so wird Petes

233 Die Elixiere des Teufels. S.197.

234 Ebd. S. 206.

235 Rodley, Chris in: Lynch, David: Lynch über Lynch. S. 300.

236 Robnik, Drehli: Außengeräusche. S. 41-42.

237 Vgl. Mecke, Christoph: Lost Highway. In: Filmgenres. Kriminalfilm. Herausgegeben von

Freundin von Natasha Gregson Wagner gespielt, der Tochter von Nathalie Wood, der Hauptdarstellerin von „...denn sie wissen nicht, was sie tun“ -, doch schon die Songs, die beide hören, stammen ausschließlich aus den 1990er Jahren. Sie handeln von aussichtsloser Liebe, jedoch nicht mehr im bittersüß-sentimentalen Tonfall von „Blue Velvet“ oder „Love Me“, sondern in harten und schrillen Klängen und mit Texten, die sehr viel drastischer von der Perversion erzählen, von der ersten Versuchung in „Apple of Sodom“ über suchtähnliche Abhängigkeit in „The Perfect Drug“ bis hin zu Nekrophilie in „Heirate mich“. Besonders deutlich wird der Zeitsprung durch jene Lieder, die verzerrte Anklänge an die Musik der 50er Jahre beinhalten, wie Lou Reeds „This Magic Moment“, das Rock-n'-Roll-Riffs mit elektrischem Dröhnen unterlegt oder Marilyn Mansons Gothic-Rock-Cover des Klassikers „I Put A Spell On You“, wobei sich schon im Künstlernamen des Sängers der Traum der 50er Jahre, Marilyn Monroe, mit dem Alptraum der 60er Jahre, Charles Manson, verbindet.[238] Renees platinblonde Doppelgängerin mit dem sprechenden Namen Alice Wakefield zerstört die nostalgische Projektion endgültig, obwohl und zugleich weil sie als Femme Fatale der Schwarzen Serie getarnt ist.

Zieht Pete seine Sandkastenliebe Sheila noch souverän auf seine Seite des Bildes, um an ihrer Brust zu saugen, verführt Alice ihn zur Linearität, zum Verlassen dieses narzisstischen Paradieses. Doch ihr Versprechen ist nur eine Falle, auf der gemeinsam begonnenen Flucht geht Alice immer mehr auf Distanz, bis sie Petes wiederholtem Lustgestöhn „I want you!“ schließlich höhnisch entgegnet „You'll never have me!“ und ihn damit in Fred zurückverwandelt. Die Intervalle zwischen Rede und Gegenrede werden wieder länger und die Bilder entleeren sich, wie zu Beginn, als die Eheleute immer wieder im Gegenschnittverfahren an den entgegengesetzten äußeren Bildrändern gezeigt wurden und Fred sich auf Renees Seite des Bettes und damit in ihr Bild hinüberwälzen musste, wie in eine andere Welt: „Wie für den Helden von BLUE VELVET geht es auch für Fred darum, in einen weiblichen Raum einzudringen, der vor bösen Machtspielen strotzt, in dem die Frau zugleich Opfer und Täterin ist...“[239] Während Jeffrey und Sailor sich aber diesen Machtspielen entziehen können, indem sie sich, nach ihrem Ausflug auf die dunkle Seite gereift, in einer neu begründeten Familie niederlassen, bleibt Fred weiterhin in der Endlosschleife der Verdrängung gefangen, räumlich und zeitlich versinnbildlicht in der rückwärts aufgenommenen brennenden Hütte, die sich wie von selbst wieder zusammensetzt. Fred setzt sich immer wieder in Bewegung, doch die Kamera, auf die er zugeht, weicht vor ihm zurück, so dass er nie ankommt – so etwa auf Andys Party. Wie Medardus von dem Phantom des Malers, wird Fred dabei von dem „Mystery Man“ verfolgt, kein Maler, aber dafür ein Videofilmer, der ihn immer wieder mit der Erinnerung daran konfrontiert, dass alle Zeit-Räume, in

---

Knut Hickethier unter Mitarbeit von Katja Schumann. Stuttgart 2005. S. 329.

238 Charles Manson stiftete seine Jünger zu einem Ritualmord an Hollywood-Stars an, sowie aus dem Gefängnis heraus zu einem Attentat auf Präsident Ford.

239 Seeßlen, Georg: David Lynch und seine Filme. S. 173.

die sich Fred flüchtet, tatsächlich ein und derselbe sind. Lynch stellt konsequent die Kommunikation zwischen den Einstellungen nicht nur durch Schnitte, sondern oft durch Überblendungen her, so dass das im Verschwinden begriffene Bild und das neu eingeblendete oft als verschwimmende Synthese eine dritte, oft leicht zu übersehende Aussage treffen: Als Fred seine Frau zuhause nicht erreichen kann, wird eine Einstellung seines Gesichtes von einer Einstellung des leeren Zimmers abgelöst, wobei eine dunkle Zimmerecke kurz Freds Gesicht genau halbiert. Als Fred kurz vor dem Mord an Renee das Haus betritt, ergeben das Bild eines vertikalen Türrahmens und das Bild eines horizontalen Fensters gemeinsam ein Grabeskreuz.

„Noch mehr als in den vorherigen Filmen hat man zunächst den Eindruck, es nicht mit einem narrativen Geflecht der Bilder in der ´Sprache des Films` zu tun zu haben, sondern mit übereinander geschichteten Bildern, von denen jedes seine eigene Geschichte erzählen will…“[240] Aber eben nur dem ersten Eindruck nach, tatsächlich handelt es sich um dieselbe Geschichte.

d) Vergleichende Zwischenbetrachtung

Ebenso wie in den drei Werken Hoffmanns durchlaufen die Figuren der Filme „Blue Velvet“ und „Wild at Heart“ drei Stadien: Familiäre Einheit (also Kindheit), die von Dissoziationserfahrung (also Pubertät) abgelöst wird und entweder zu regressiver Verdrängung und endgültiger Zersplitterung führt (etwa bei Nathanael, Frank Booth und Bobby Peru die alle mit zertrümmertem Schädel enden) oder dazu, dass sich die Figuren mit der Dissoziation ihrer Welt abfinden (Erwachsenheit). Diese Reife äußert sich jedoch anders als bei Hoffmann nicht als Flucht in die Phantasie des Märchens oder die Askese des Klosters, sondern darin, dass die Helden sich im dissoziierten Raum-Zeit-Kontinuum einrichten und eine neue Familie gründen (Jeffrey zeugt zwar noch kein Kind mit Sandy, tritt aber in Gestus und Kleidung deutlich anstelle seines Vaters). Sexualität ist hier nicht per se negativ besetzt, muss aber domestiziert werden.

„Lost Highway“ dagegen spielt ausschließlich in der zweiten Phase und endet zwar kaum mit Anlass zur Hoffnung, aber doch offen. Daher ist das für diesen Film oft bemühte Strukturmodell des Möbius-Bandes[241] unzutreffend: Die erste Einstellung ist zwar wie die letzte eine Kamerafahrt über den Highway, aber die Handlung beginnt nicht mit jener Inkarnation Freds, in die sich dieser zum Ende des Films zu verwandeln anschickt, sondern mit Fred selbst. Schon das Bild der ständig die Spur wechselnden Fahrt in die Tiefe des Raums suggeriert, dass der Fahrer nicht eine Kreis-, sondern eine Spiralbewegung vollzieht, wohingegen das Möbiusband zwar

240 Seeßlen, Georg: David Lynch und seine Filme. S.155.

241 Vgl. Seeßlen, Georg: David Lynch und seine Filme. S.155 u. 169./ Füller, Ralfdieter: Fiktion und Antifiktion: Die Filme David Lynchs und der Kulturprozeß im Amerika der 1980er und 90er Jahre. Trier 2001. S. 221-222.

Außen- und Innenseite vereint, aber auch in sich geschlossen ist und zwangsläufig immer wieder zu den selben Punkten führen muss. Wie Seeßlen zu Recht und entgegen des von ihm angeführten Vergleiches mit dem Möbiusband feststellt, folgen die Bilder in „Lost Highway" der „Komposition der Selbstähnlichkeit" und das gilt auch für die Bilder in „Blue Velvet" und „Wild at Heart" und für die Strukturelemente der Hoffmannschen Erzählungen.
Bei Hoffmann wie bei Lynch steht am Anfang - der nicht immer auch der Anfang der Handlung sein muss, sondern auch als nachträglicher Einschub aus der Vorvergangenheit geschildert werden kann -, ein tatsächlicher oder symbolischer Schöpfungsakt, der aus himmlischen Sphären über einen familiären Garten Eden zur Versuchung führt, für welche repräsentativ das Feuer steht und die, ist das Ende glücklich, durch eine jenseitig-himmlische Erfahrung gebannt wird (den Himmelfahrtstag in „Der goldne Topf", die Vision der Wiederkehr Christi in „Die Elixiere des Teufels", das Lied Julee Cruises in „Blue Velvet", die gute Hexe des Nordens in „Wild at Heart"). Was Hans Heydebreck schrieb, lässt sich ebenso auf die Werke Hoffmanns anwenden:

> „Lynch verwendet die Elemente Feuer, Wasser, Luft und Erde in seinen Filmen bemerkenswert stark religiös gefärbt. Zum Teil bedient er sich dabei explizit christlicher Motivik. So stellt Lynch immer wieder eine Verknüpfung von Feuer, Magie und Eros her. [...] Letztlich werden alle Filme Lynchs, Lost Highway einmal ausgenommen, zu einem versöhnlichen Abschluß geführt, indem hier das mystischste Element, die Luft über die anderen dominiert"[242].

Vorerst jedoch vertreibt die traumatische Erfahrung der verbotenen Frucht (wortwörtlich in „Der Sandmann", wo Coppelius Nathanael die süßen Früchte verdirbt) die Protagonisten aus dem Paradies in den bürgerlichen Raum, welcher die Natur durch Urbanisierung und Aufklärung verdrängt und von einer hoffnungslosen Sucht nach Konsumgütern beherrscht wird. Dieses Suchtprinzip wird durch den Adel und den Vatikan in „Die Elixiere des Teufels" und die Drogen- und Pornomafia in den Lynch-Filmen auf die Spitze getrieben. Negative Mentoren wie das Apfelweib, der Wetterglashändler, Bobby Peru oder Mr. Eddy versuchen die Wahrnehmung der Helden zu blenden und sie an diese Lustobjekte zu fesseln. Das Dunkel der Nacht und die Gefilde des Ostens und des Südens und nicht zuletzt die Doppelgänger befördern einerseits ein Bewusstsein der verloren gegangenen Einheit, das nötig ist, um sich von diesen Objekten freizumachen. Andererseits verführen sie aber auch zu dem Versuch, sich auf die falsche, nämlich physische Weise befreien zu wollen. Solche Unterfangen enden jedoch nach einer kurzfristigen Auflösung des Raums in einer umso ernüchternderen und engeren Begrenzung durch räumliche und zeitliche Einheiten. „Heute ist dieses Prinzip, vor allem dank des modernen Splatterfilms, längst zu einem Klischee geworden: Gegen

242 Heydebreck, Hans: Fire Walk With Me. In: ´A Strange World`. S. 297-298.

jede Logik fliehen die Helden in immer engere Räume und werden damit immer verwundbarer."[243] Erst das völlige Fehlen einer Ausflucht – Anselmus im Kristall, der von Frank in die Enge getriebene Jeffrey im Wandschrank, sowie Medardus und Sailor im K.O. – führt zu einer Lösung des Komplexes. Lynchs Filme sind daher alles andere als „Gebärmutter-Kino"[244] oder ein „Film-Busen"[245] und es ist verwunderlich, „wie sehr Lynch-Filme immer wieder Rezeptionsformen Vorschub leisten, die darauf abzielen, Filme zu 'bewohnen'".[246] Die Räume der fötischen Regression werden zum Schlachthof wie die Wohnung Dorothys wird zum Schlachthof, in ihnen schwirren Fliegen über Erbrochenem wie in Sailors und Lulas Apartment und auch das kantige Apartment der Madisons ist alles andere als eine Waldorf-Schule. Die Erzähler in Hoffmanns Werken laden den Leser zwar ausdrücklich dazu ein, ihre Welt zu betreten, doch angesichts des darin herrschenden Philistertums, sollte dieser froh über die Distanz sein. Die entfremdete Gesellschaft der Bürger wird bald von der wortwörtlich elementareren Dimension der sagenhaften Vergangenheit durchdrungen, doch auch diese hat eine bedrohliche Seite, die in „Der Sandmann" überwiegt. Was für die Erzählungen Hoffmanns die Volksmärchen, die orientalischen Mythen und die Göttersagen der Antike sind, sind für die Werke Lynchs die Gründungsmythen der USA und mehr noch die Mythen des Films, bevor dieser durch das New Hollywood der 1960er Jahre revolutioniert wurde. Die Filmhelden und -schurken aus Hollywoods Pantheon wirken ebenso archetypisch wie die Dämonen Hoffmanns und weisen zu jenen auch etliche Parallelen auf. Die Protagonisten Lynchs wie die Hoffmanns erfahren ihre Erlösung aus dem dissoziierten Zeitraum nur dann, wenn es ihnen gelingt, sich nicht in ihren verschiedenen Inkarnationen zu verlieren, sondern die dunklen Abspaltungen auszumerzen. In Lynchs Fall kann man dabei nicht nur von einer Beeinflussung durch christliche, sondern auch durch hinduistische Symbolik sprechen; zumindest ist der Filmemacher ein gläubiger Anhänger des Maharishi. Die Überwindung der Objektfixierung als Chance zur Überwindung der Dissoziation von Raum und Zeit – das scheint die Aussage dieser Kunstwerke zusammenzufassen. Aber dürfen wir ihren Perspektiven überhaupt trauen?

3. Subjektivität

a) Subjektivität bei E.T.A. Hoffmann

> „Das Dionysische ist undifferenziert, verschwommen, es hat keine harten Ränder und es verschmilzt Räume miteinander. Das Apollinische dagegen ist wohlgeordnet, es benennt

---

243 Stresau, Norbert: Der Horror-Film. S.49.

244 Vgl. Taylor, Henry M.: Spektakel und Symbiose: Kino als Gebärmutter – Thesen zur Funktion des Tons im gegenwärtigen Mainstream-Kino. In: Cinema. 37. 1997. S. 93-96.

245 Vgl. Chion, Michel: David Lynch. London 1995. S. 41.

246 Robnik, Drehli: Außengeräusche. S. 40.

> und klassifiziert, sein Ideal ist die Säule und es ist aus ästhetischer Distanz wahrzunehmen."[247]

Dies sind die Kräfte, zwischen denen die dissoziierten Persönlichkeiten bei Hoffmann schwanken. Ein ebensolcher Zwiespalt tut sich aber auch dem Leser auf, wenn die Erzähler- und Herausgeberfiguren ihn dazu einladen, Teil ihrer Erzählung zu werden. Diese in allen drei Werken erhobene Aufforderung wirkt einerseits extrem suggestiv, andererseits ironisch distanzierend.[248] Ein scheinbares Paradoxon, das dadurch entsteht, dass die Erzähler in ihren Einladungen zunächst alle Register einer sinnlichen Sprache ziehen, um dann bedauernd festzustellen, dass diese Sprache leider doch nicht ausreichen würde, um die Grenze zur Welt ihres Berichtes wirklich aufzulösen. Der Leser wird sozusagen in ein Wechselbad zwischen Verführung und ´kalter Dusche` getaucht, mal mit „Du Fremder! Unbekannter!"[249], dann wieder mit „...du mir im Innern Verwandter"[250] angesprochen. Der Leser wird eben nicht vollends „in diesen Poetischen Raum hineingezogen"[251], stattdessen wird ihm gerade durch die enttäuschte Verheißung absoluter Identifikation immer wieder die Distanz zum Geschehen verdeutlicht. In „Der goldne Topf" wird bei der Schilderung des Hexenrituals das Leiden Vero-nikas in eine geradezu schmerzliche Distanz zur Hilflosigkeit des Lesers gesetzt, indem die Erzählung vom Konjunktiv II der Vergangenheit in den Präsens, dann wieder ins Präteritum und schließlich zurück in die indikative Negation der vorherigen Passage wechselt:

> „Ich wollte, daß du, günstigster Leser, am dreiundzwanzigsten September auf der Reise nach Dresden begriffen gewesen wärest... [...] Wie du nun so in der Finsternis daherfährst, siehst du plötzlich in der Ferne ein ganz seltsames, flackerndes Leuchten. [...] Ganz im blendenden Feuer [...] steht das engelsschöne Gesicht, [...] ...siehst du ihr Grausen, ihr Entsetzen; die kleinen Händchen hält sie krampfhaft zusammengefaltet in die Höhe, als riefe sie betend die Schutzengel herbei... [...] Es war dir, als seiest du selbst der Schutzengel einer, zu denen das zum Tode geängstigte Mädchen flehte... [...] Aber, indem du das lebhaft dachtest, schriest du laut auf... [...] Ob du das Mädchen, das du nun mit recht innigem Verlangen in der Finsternis suchtest, gefunden hättest, mag ich nicht behaupten, aber den Spuk des Weibes hattest du zerstört... [...] Weder du, günstiger Leser, noch sonst jemand fuhr oder ging aber am dreiundzwanzigsten September in der stürmischen, den Hexenkünsten günstigen Nacht des Weges und Veronika mußte ausharren am Kessel in tödlicher Angst"[252].

---

247 Schmid, Hans: Fenster zum Tod. Der Raum im Horrorfilm. München 1993. S.58.
248 Vgl. Hillebrand, Sabine: Strategien der Verwirrung. S.27.
249 Die Elixiere des Teufels. S.183.
250 Ebd.
251 Deterding, Klaus: Magie des Poetischen Raums. E.T.A. Hoffmanns Dichtung und Weltbild. Heidelberg 1999. S.88.
252 Der goldne Topf. S.291-293.

Doch nicht nur über die grammatikalischen Zeitformen schafft oder verringert der Erzähler Distanz, er setzt dem zur fiktiven Figur „transformierten" Leser noch weitere Hindernisse in den Weg:

> „vergebens suchte man, als der späte Abend hereinbrach, dich auf der letzten Station aufzuhalten; der freundliche Wirt stellte dir vor, es stürme und regne doch gar zu sehr [...], aber du achtetest dessen nicht, indem du ganz richtig annahmst: ich [...] bin spätestens um ein Uhr in Dresden, wo mich im Goldnen Engel oder im Helm oder in der Stadt Naumburg ein gut zugerichtetes Abendessen und ein weiches Bett erwartet."[253]

Die Spannung dieser Passage entsteht dadurch, dass dem fiktiven Doppelgänger des Lesers die Informationen fehlen, die der Leser selbst hat: Dass der Wirt die Rettung des Mädchens herauszögert, ebenso wie die langwierige und aus der mutmaßlichen Perspektive des tatsächlichen Lesers bedeutungslose Erwägung darüber, in welcher Raststätte der fiktive Leser nach seiner Ankunft schlafen könnte. Diese Technik entspricht bereits jener Theorie des Suspense, die Alfred Hitchcock für den Film definierte[254] und die auch von dem Hitchcock-Verehrer David Lynch angewendet wurde, etwa wenn Jeffrey in „Blue Velvet" das mit Sandy vereinbarte Signal überhört und dadurch ahnungslos in Gefahr gerät, ohne dass der Zuschauer als Zeuge des Signals ihm helfen könnte.
In der obigen Passage aus „Der goldne Topf" ändert sich außerdem kurzfristig die Erzählperspektive, indem sich der auktoriale Erzähler in den fiktiven Leser hineinversetzt und den Anschein erweckt, der Leser würde als Ich-Erzähler völlig mit dem Text verschmelzen. Der Leser soll seine Position als distanzierter Voyeur verlieren und selbst zum Objekt der Beobachtung durch den Erzähler werden. Um den Leser vorübergehend in seine fiktive Welt zu locken, spekuliert der Erzähler nicht nur auf das apollinische Bedürfnis, sittliche Ordnung zu schaffen, sondern weit eher auch auf sinnliche, dionysische Gelüste, die gewaltsamer - nämlich im Falle der Erschießung der Hexe – und andeutungsweise sexueller Natur sind, wenn von dem „recht innigen Verlangen" die Rede ist, mit dem der Leser das Mädchen in der Finsternis sucht.
Es kommt auch zu ganz offensichtlichen Fehleinschätzungen oder ironischen Verspottungen des wahrscheinlichen Leseverhaltens, so wird etwa in „Der Sandmann" „das unterstellte Leserinteresse [...], an einer der dramatischsten Stellen der Erzählung, wie ein retardierendes Moment benutzt."[255]

> „So in grässlicher Raserei tobend wurde er nach dem Tollhause gebracht. – Ehe ich, günstigster Leser! dir zu erzählen fortfahre, was sich weiter mit dem unglücklichen

253 Ebd. S.291.
254 Vgl. Truffaut, Francois: Wie haben Sie das gemacht, Mr. Hitchcock? München 1990. S. 62-63.
255 Vogel, Nikolai: E.T.A. Hoffmanns Erzählung *Der Sandmann* als Interpretation der Interpretation. Frankfurt am Main 1998. S.36.

> Nathanael zugetragen, kann ich dir, solltest du einigen Anteil an dem geschickten Mechanicus und Automat-Fabrikanten Spalanzani nehmen, versichern, dass er von seinen Wunden völlig geheilt wurde.“[256]

Die Synthese, die zwischen der Perspektive des Lesers und jener des fiktiven Lesers vollzogen werden soll, ist somit nur eine scheinbare: Tatsächlich werden in Hoffmanns Erzählungen die jeweiligen Doppelgänger des Lesers als eine Projektionsfläche der fiktiven Erzähler konstruiert und sind somit eher deren Doppelgänger: „Vielleicht geht es dir, günstiger Leser! wie mir, und das wünschte ich denn, aus erheblichen Gründen, recht herzlich.“[257] Das Verhältnis zwischen den Erzählern und ihren idealen Lesern ist somit typisch für das Problem aller zwischenmenschlichen Beziehungen in den Erzählungen Hoffmanns: Geglückte Kommunikation findet kaum statt, die Figuren reden in egozentrischen Selbstgesprächen aneinander vorbei. Insbesondere projizieren die Geschlechter ihre Vorstellungen der paradiesischen Einheit aufeinander, so will Veronika Anselmus zu einem Doppelgänger ihrer selbst machen, Euphemie den Medardus, sowie Nathanael erst Klara, dann Olimpia. Künstler oder Möchtegernkünstler sind in erhöhtem Maße anfällig für diese gestörte Wahrnehmung[258]:

> „Doch lobten die Architekten die reinen Verhältnisse ihres Wuchses, die Maler fanden Nacken, Schultern und Brust beinahe zu keusch geformt, verliebten sich dagegen sämtlich in das wunderbare Magdalenenhaar und faselten überhaupt viel von Battonischem Kolorit. Einer von ihnen, ein wirklicher Fantast, verglich aber höchstseltsamer Weise Claras Augen mit einem See von Ruisdael, in dem sich des wolkenlosen Himmels reines Azur, Wald und Blumenflur, der reichen Landschaft ganzes buntes, heitres Leben spiegelt. Dichter und Meister gingen aber weiter und sprachen: „Was See – was Spiegel! – Können wir denn das Mädchen anschauen, ohne dass uns aus ihrem Blick wunderbare himmlische Gesänge und Klänge entgegenstrahlen.“[259] .

Der Erzähler von „Der Sandmann“ stellt hier, „um die Einbildungskraft des Lesers freizusetzen, der Tyrannei des perspektivischen Blicks eine Perspektivenvielfalt entgegen…“[260] Den Erzählerperspektiven ist ebenfalls nicht zu trauen, wie jene an verschiedenen Punkten von „Der goldne Topf“ und „Der Sandmann“ selbst einräumen, wenn sie über die Impotenz ihrer Sprache klagen. Die Perspektive des Aufzeichners bzw. Herausgebers der Schriften ist auch nie alleingültig im Sinne eines allwissenden Erzählers. „Der Sandmann“ wird mal von Nathanael und Clara

---

256 Der Sandmann. S.38-39.
257 Die Elixiere des Teufels. S.5.
258 Vgl. Reber, Natalie: Studien zum Motiv des Doppelgängers bei Dostojevskij und E.T.A. Hoffmann. S.199.
259 Der Sandmann. S.20.
260 Rohrwasser, Michael: Optik und Politik. Die Figur des Zauberers bei E.T.A. Hoffmann. In: Text + Kritik. Zeitschrift für Literatur. Sonderband. E.T.A. Hoffmann. Herausgegeben von Heinz Ludwig Arnold. München 1992. S.42.

aus der Ich-Perspektive in Briefen erzählt, dann wieder aus einer personalen Perspektive, die lediglich auf dem Informationsstand einer bestimmten Figur zu sein scheint und auch deren Gedanken teilt, schließlich aus der Ich-Perspektive des „Autors“, dessen Orientierung jedoch ebenfalls fragwürdig ist, da er zu Anfang vorgibt, ein Freund Lothars zu sein, aber gegen Ende nur über Gerüchte vom weiteren Schicksal Klaras gehört hat, über das deren Bruder Lothar eigentlich unterrichtet sein müsste. „Der goldne Topf“ wechselt ebenfalls zwischen verschiedenen personalen Perspektiven und der Ich-Perspektive des Autors, der noch dazu das Ende der Geschichte lediglich im alkoholisierten Zustand verfolgen konnte. „Die Elixiere des Teufels“ gibt vor, eine Autobiographie des Medardus zu sein, die allerdings erst über einen Bibliothekar und einen Herausgeber an den Leser vermittelt wird. Der Ich-Erzähler Medardus ist jedoch zum Zeitpunkt seines schriftlichen Rückblickes keineswegs ein auch nur annäherungsweise objektiver Berichterstatter geworden. Gerade in der Erinnerung sinnlicher Überwältigung verschwimmt die Gegenwart des Erzählers mit den verschiedenen Schichten der einst erlebten Zeit, springt der Bericht vom Präteritum ins Präsens[261]:

> „Leise, leise öffnete ich die Tür – ich trat hinein – eine schwüle Luft, ein wunderbarer Blumengeruch wallte mir sinnebetäubend entgegen. Erinnerungen stiegen in mir auf, wie dunkle Träume! Ist das nicht Aureliens Zimmer auf dem Schlosses des Barons, wo ich“[262].

In allen Erzählungen widersprechen sich nicht nur meist die Wahrnehmungen der verschiedenen Figuren. Nathanael, Medardus, sowie vorübergehend Anselmus und Viktoria haben sogar jeweils zwei Perspektiven, die sich gegenseitig zu widersprechen scheinen. Die verschiedenen Sichtweisen, ob sie nun zwischen zwei Figuren oder innerhalb derselben Figur miteinander streiten, entsprechen dem Dualismus von apollinischer, beziehungsweise aufgeklärter, und dionysischer, beziehungsweise romantischer Wahrnehmung. Kommunikation stellt zumeist den Versuch dar, seine Perspektive auf das Gegenüber zu übertragen, daher werden sprachliche Äußerungen entweder als verführerisch und/oder als bedrohlich und störend empfunden. Medardus versetzt, zum Widerwillen seines Priors, durch die Rhetorik seiner sprachgewaltigen Predigten die Gemeinde in einen religiösen Wahn und erhebt sich zum Abgott. Nathanael zeigt sich wutentbrannt über die Gegenargumente Claras und findet erst in der sprachlosen Olimpia eine „ideale Zuhörerin“, Anselmus wird in erster Linie durch die glockenhellen Stimmen der Schlangen in deren Bann gezogen. Es kommt hinzu, dass man alle Figuren, die aus dem transzendenten Raum kommen, an einer stimmlichen Besonderheit erkennen kann. Die positiv geschilderten Figuren, die den dionysischen Zustand erst in einer transzendenten Sphäre verheißen, haben Stimmen, die an die Elemente der Natur erinnern. Der Archivar hat eine „rauhe, aber sonderbar metallartig tönende

---

261 Köhn, Lothar: Vieldeutige Welt. S. 57–58.

262 Die Elixiere des Teufels. S. 223.

Stimme"[263], die Schlangenschwestern zischen und lispeln zwar, aber hören sich an wie Kristall oder der Abendwind, zudem lösen sich in ihrem Lispeln die Grenzen zwischen den Worten durch Alliterationen auf: „Zwischendurch – zwischenein – zwischen Zweigen, zwischen schwellenden Blüten, schwingen, schlängeln, schlingen wir uns..."[264] Sie schlängeln sich in der Tat durch die Lücken des dissoziierten Raumes und ihnen gelingt es, die Distanz zu Anselmus, dem Objekt ihres Interesses, durch die Sprache zu überwinden, wodurch sie ihn allerdings auch als Bestandteil der diesseitigen Welt, also als Subjekt auslöschen.
Die eindeutig negativen Figuren sind jene, die fälschlich versprechen, den dionysischen Zustand im Diesseits verwirklichen zu wollen. Sie zeichnen sich durch ein besonders „physisches" Sprechen aus: Coppelius hustet und brummt, Coppola lacht heiser und spricht mit italienischem Akzent, des Medardus Doppelgänger Viktorin schließlich ächzt und stottert. Zudem neigen diese Figuren zu Wiederholungen, die ihren Äußerungen die Formelhaftigkeit von Zaubersprüchen geben: „...ins Kristall bald dein Fall – ins Kristall!"[265] ruft das Apfelweib ein aufs andere Mal, „...hab auch sköne Oke – sköne Oke!"[266] wirbt Coppola immer wieder und „...wir wo-wollen in den Wa-Wald ...in den Wald!" stammelt Viktorin in einem fort.[267] Sie sprechen „die stammelnde Sprache des Unbewußten, die sich nur im Stottern und Stocken, in Wiederholungen abgerissener Satzteile offenbaren, als Teilgestaltung eines Wahnsinnsdeliriums aus dem allgemeinen Chaos der Außerbewußten herauskristallisieren kann."[268] Im Sprechakt deutet sich ihre Verhaftung mit dem Körperlichen bereits an und sie dissoziieren ihre Syntax oft durch Stottern oder Akzent.

> „Die Romantik beginnt mit einem radikalen Zweifel an der Sprache. War diese für die Aufklärung als vernünftige Rede die Entfaltung der Repräsentation, so ist sie nun das, was den Blick verstellt. [...] So ist denn das Ideal der Kommunikation das einer unmittelbaren, die den Umweg über das Wort nicht nötig hat."[269]

Aber auch der Blick erweist sich keineswegs als geeignetes Mittel, um die Distanz zu überwinden.

> „Die Erzählung 'Der Sandmann' läßt sich als Machtkampf um die Augen und die *Blickführung* lesen. Blicke werden zum Auslöser von Wahnsinn und Mordversuch, Ursache

263 Der goldne Topf. S.257.
264 Der goldne Topf. S.16.
265 Der goldne Topf. S. 237. Vgl. auch S. 252 u. S. 320.
266 Der Sandmann. S. 27. Vgl. auch S. 42.
267 Die Elixiere des Teufels. S.198. Vgl. auch S. 206.
268 Reber, Natalie: Studien zum Motiv des Doppelgängers bei Dostojevskij und E.T.A. Hoffmann. S. 127.
269 Momberger, Manfred: Sonne und Punsch. Die Dissemination des romantischen Kunstbegriffs bei E.T.A. Hoffmann. München 1986. S. 46.

von Trug und Tod. Entscheidend für den Verlauf des Geschehens ist, mit wessen Augen gesehen wird."[270]

Doch auch die Figuren in „Die Elixiere des Teufels" und „Der goldne Topf" werden maßgeblich durch ihren penetrierenden Blick gekennzeichnet. Als Medardus dem Phantom des Malers begegnet, fährt „der Blick der großen schwarzen stieren Augen [...] wie ein glühender Dolchstoß durch meine Brust."[271] In den Augen seiner machthungrigen Geliebten Euphemie „brannte oft eine ganz eigne Glut, aus der, wenn sie sich unbemerkt glaubte, funkelnde Blitze schossen..."[272] Der Archivar hat auch „etwas Grauenhaftes, das durch den stechenden Blick der funkelnden Augen"[273] noch verstärkt wird, „leuchtende Katzenaugen flackerten Funken werfend durch die große Brille"[274] der Apfelfrau und Anselmus ist „jeder freundliche Blick dieses oder jenes Mädchens [...] nur der Reflex des schadenfrohen Gelächters..."[275]
Gesehen zu werden, bedeutet in diesen Erzählungen Objekt zu werden und deswegen fühlen sich die Figuren von Blicken verfolgt. Zu sehen dagegen bedeutet, sich als Subjekt das gegenüberliegende Objekt „einzuverleiben". Deshalb ist für Nathanael die Blendung durch den Sandmann der ultimative Horror. Blicke und Sprache werden benutzt, um in den Raum und das Gegenüber einzudringen, wobei die Teleskopisierung, die der Optiker Coppola Nathanael aufdrängt, in besonderem Maße „eine Aufhebung unserer natürlichen Kenntnis von Abständen und Dimensionen und eine visuelle Penetration in das perzeptuell Unbekannte"[276] bedeutet und deshalb auch besonders gefährlich ist. Nathanael findet logischerweise seine „ideale Partnerin" in Olimpia, die sich gegen seine Invasion nicht wehren kann, weil sie ebenso blind wie stumm ist. Die Erkenntnis aber, dass es sich bei Olimpia lediglich um einen Automaten handelt und die Nathanael überkommt, als er in ihre leeren Augenhöhlen starrt, wirft ihn nicht nur schockartig in die Isolation des Subjektes zurück, sondern macht ihm auch deutlich, dass er lediglich ein Objekt der Manipulation und des Gespötts war. In der versuchten Assoziation mit dem Objekt – was für Nathanael Olimpia ist, sind für Medardus Aurelie und für Veronika Anselmus und noch stärker die Ohrringe – droht das Subjekt also selbst Objekt zu werden. Aus diesem Grund ist auch das Spiegelmotiv bei Hoffmann gänzlich anders zu verstehen, als in der folgend zitierten Auffassung Albrecht Driesens:

„Die Bildung des Begriffs ´Subjektivismus` fällt zeitlich mit der beginnenden Romantik zusammen und wurde durch die Romantiker durch eine auffällige Häufung von Spiegel-

270 Rohrwasser, Michael: Optik und Politik. S. 38.
271 Die Elixiere des Teufels. S. 36.
272 Ebd. S. 62.
273 Der goldne Topf. S. 267.
274 Ebd. S. 275.
275 Ebd. S. 238.
276 Jerslev, Anne: ´You'll never have me`. S. 208.

> szenarien begleitet. [...] Das Subjekt begegnet sich im Modus der Differenz, und nun stellt sich die Frage nach der Verbindung, die die geforderte Einheit des Subjekts mit dieser Differenz von Subjekt und Objekt versöhnt, die es doch zugleich auch übergreift. [...] Der Spiegel vereint Subjekt und Objekt, inneres und äußeres Leben. [...] Diese Eigenschaft unterscheidet den Spiegel vor allem vom Doppelgänger, der als ein autonom agierendes zweites Subjekt neben ein erstes tritt, wirkt auf dieses spaltend. [...] Die Subjekt und Objekt vereinende Wirkung des Spiegels hingegen, nämlich die, daß man beider Grenzen kaum zu unterscheiden vermag, ist somit deckungsgleich mit Hoffmanns erzählerischem Schaffen und wirkt auf das Doppelgängermotiv geradezu konkurrierend."[277]

Der Spiegel vereint keineswegs Subjekt und Objekt. Im Gegenteil, schon in den Metamorphosen des Ovid[278] verliebt sich Narziss in sein Spiegelbild; als er jedoch die reflektierende Wirkung der Wasseroberfläche begreift, verzweifelt er daran, dass das von ihm ersehnte Objekt kein eigenes Wesen besitzt und für ihn unerreichbar bleibt.[279] Nicht nur in der literarischen Motivgeschichte, auch in der Naturwissenschaft gilt die Selbsterkenntnis im Spiegel als zuverlässiger Beweis für das Bewusstsein der Subjektivität in Abgrenzung von der restlichen Welt. Wenn sich eine Figur Hoffmanns in den Augen oder der Aufmerksamkeit ihres Gegenübers spiegelt, versucht sie, einen Teil ihrer selbst auf dieses zu übertragen. Gerade damit treibt sie die eigene Dissoziation voran, weil sich die Seelenverwandtschaft, welche ihr der Spiegel vortäuscht, bald als doppelgängerische Abspaltung ihrer selbst erweist. Driesen argumentiert für seine These mit „Der goldne Topf":

> „Hier trifft der Student Anselmus im polierten Gold nicht auf seinen gespiegelten Doppelgänger, sondern es offenbart sich das Zauberreich Atlantis... [...] Mit dem Doppelgängermotiv, wie es uns etwa in Kleits „Amphitryon" oder in Hoffmanns „Elixieren des Teufels" [...] begegnet, lässt sich dieses Spiegelbild nicht im geringsten in Einklang bringen."[280]

Warum nicht? Gemessen an der Unzuverlässigkeit der ständig wechselnden Erzählperspektiven spricht diese Passage eher gegen die Wahrhaftigkeit der Utopie als für eine Umdeutung des Spiegelmotivs. Der letzte Satz der Erzählung deutet an, dass der phantasiebegabte Anselmus sich möglicherweise ganz seinen Illusionen hingegeben hat und diese nicht mehr als solche erkennt: „Ist denn überhaupt des Anselmus Seligkeit etwas anderes als das Leben in der Poesie, der sich der heilige Einklang aller Wesen als tiefstes Geheimnis der Natur offenbaret?"[281]

---

277 Driesen, Albrecht: Das Spiegel-Bild in Erzählungen E.T.A. Hoffmanns. Poetologie eines literarischen Spiegelkabinetts. Taunusstein 1999. S.125-127.

278 Vgl. Publius Ovidius Naso: Metamorphosen. 3. Buch, Verse 427-239. Übersetzt und herausgegeben von Michael von Albrecht, Stuttgart 1994.

279 Vgl. Dillkofer, Katrin: Was wird hier gespielt? In: Gal.la Uriol. Berlin 2006.

280 Driesen, Albrecht: Das Spiegel-Bild in Erzählungen E.T.A. Hoffmanns. S. 129.

281 Der goldne Topf. S.338.

„Vom bewußtlos guten, selig paradiesischen Urzustand der Harmonie führt Hoffmann seine Gestalten über die Dissoziationsphase des Einbruchs des Bewußtseins und damit der Entzweiung, des Persönlichkeitsverlustes [...] ...das eine ursprüngliche Ich sowie die vielen Doppelgänger, die unzähligen, zunächst verdrängten, dann objektivierten Möglichkeiten des Ich, finden sich aber in der endgültigen, all ihrer Möglichkeiten und Fähigkeiten bewußten Persönlichkeitsform der „Allheit" zusammen, welche in souveräner Beherrschung alle die verschiedenen Teilseelen des Ich sich frei entfalten läßt, ohne sie zu verdrängen, die aber zugleich auch diese Teilmöglichkeiten des Ich als „Allheit" zusammenhält und als vielfältige Seiten des eigenen zuletzt doch wiederum einheitlichen und unteilbaren Ich anerkennt. [...]Gelingt ihre Durchführung auf metaphysischer Ebene wie im „Schuld-und-Sühne-Werk" „Elixiere" oder im ästhetisch-transzendenten Bereich wie in den Mythen, so erfüllt der Doppelgänger eine sinnvolle Funktion innerhalb der Gesamtentwicklung: Er ist ein notwendiges Durchgangsstadium des Individuationsprozesses."[282]

Diese These Natalie Rebers ist allerdings in sich widersprüchlich. Da der Ausstieg aus jenem Durchgangsstadium lediglich im metaphysischen und transzendenten Raum gelingt, mündet er eben doch in der Verdrängung und zwar von körperlichen Bedürfnissen. Die „Allheit" besteht nicht in der Integration verschiedener Tendenzen unter ein souveränes Ich, sondern entweder in deren erneuten Verschmelzung mit dem Kosmos wie in „Der goldne Topf", wo zuletzt die Person Anselmus im Diesseits nicht mehr existiert, oder eben doch in der Verdrängung des Körpers, so in „Die Elixiere des Teufels", wo Medardus in klösterlicher Enthaltsamkeit endet. Zu Beginn seines visionären Erweckungserlebnisses ist Medardus noch ein Narziss:

„*Ich* war es, der dies gesprochen, als ich mich aber von meinem toten Selbst getrennt fühlte, merkte ich wohl, daß ich der wesenlose Gedanke meines Ichs sei, und bald erkannte ich mich als das im Äther schwimmende Rot. [...] ´*Ich – ich*`, sprach der Gedanke, ´ich bin es, der Eure Blumen – Euer Blut färbt...[...] "[283]

Erst als er in seiner Vision erkennt, dass nur das Blut Christi der Erde das Rot wiedergeben kann, ist Medardus in der Lage, sein Ich demütig aufzugeben, ebenso wie seinen Besitzanspruch auf irdische Körper und Güter.
Auch Medardus bleibt jedoch weiterhin Versuchungen ausgesetzt, denen er allerdings durch seine Hinwendung zur rein geistigen Liebe nun leichter widerstehen kann. Die endgültige Überwindung seiner Gespaltenheit kann aber erst der Tod bewirken, indem er als stärkste dionysische Kraft die Grenzen des subjektiven Bewusstseins vernichtet.
Die *Persönlichkeit an sich* hebt die Dissoziation nicht auf, sie *ist* die Dissoziation (von Allheit und Einheit).

---

282 Reber, Natalie: Studien zum Motiv des Doppelgängers bei Dostojevskij und E. T. A. Hoffmann. Gießen 1964. S. 213-214

283 Die Elixiere des Teufels. S. 313-314.

Ist für eine Figur erst die „bewusstlos gute[n], selig paradiesische[n]“[284] Kindheit beendet, muss jedes Bemühen, die Trennung von Subjekt und Objekt rückgängig zu machen, schlechterdings mit potenzierter Gespaltenheit durch die Übertragung auf einen Doppelgänger enden, oder bestenfalls mit der Auflösung der Persönlichkeit im Kosmos, nicht aber mit der Festigung einer souveränen Identität im Sinne Rebers. Fichte zufolge definiert sich das Ich durch die Abgrenzung zur Welt, die durch eine selektive Verarbeitung der Wahrnehmung beginnt, eben die Persönlichkeitsbildung.[285] Da die Figuren Hoffmanns von dieser appolinischen Abgrenzung zurück in den dionysischen Zustand wollen, ist die Wahrnehmung aller weltlichen Objekte ihrem Ziel abträglich und sie täten in ihrem Sinne gut daran, ihr nicht zu trauen. Erst in der weitestmöglichen Verinnerung beginnen die Grenzen zur objektivierten Welt wieder zu fallen. Hoffmanns Erzählungen beschreiben damit eine Tendenz, die Gerhart von Graevenitz erst für den modernen Roman als typisch ansah: „Der ´Zerfall` kann als geradlinige Fortsetzung der Verinnerung verstanden werden: der ganz als ´Subjekt` verwirklichte Held beginnt zu zerfallen und löst sich im gleichen Maße wie seine Realität oder eigentlich an ihr auf.“[286] Die Werke Hoffmanns beschreiben allerdings nicht detailliert das Innenleben der Protagonisten etwa in Form eines Bewusstseinsstroms, sondern sie beschreiben, wie sich die Welt je nach Figurenperspektive verändert. Das vorherrschende Prinzip ist weit seltener die Verinnerlichung der Welt, als die Veräußerung des Inneren, die aber durch die Subjektivität der jeweils anderen Figuren eingeschränkt wird.

> „Dieses Spiel der Beobachtung von Beobachtung wird in Interpretationen [...] meist als Multi- oder Polyperspektivität bezeichnet. Der Begriff trifft jedoch nur dann, wenn [...] damit keinesfalls gemeint wird, dasselbe werde nur von verschiedenen Seiten betrachtet, als läge den verschiedenen Perspektiven eine einheitliche Wirklichkeit zugrunde.“[287]

Da keine der Erzählungen eine intersubjektive Wirklichkeit setzt, lässt sich auch nicht behaupten, dass „Hoffmann [in „Der goldne Topf“] den Konflikt zwischen Phantasie und Alltagswirklichkeit, Künstler- und Bürgerwelt so kompromißlos eindeutig zugunsten von Phantasie und Künstler entschieden“[288] habe. Ebensowenig trifft „Der Sandmann“ die entgegengesetzte Entscheidung, wie von

284 Vgl. Reber, Natalie: Studien zum Motiv des Doppelgängers bei Dostojevskij und E. T. A. Hoffmann. Gießen 1964. S. 213.

285 Vgl. S. 14-15 dieser Hausarbeit.

286 Graevenitz, Gerhart von: Die Setzung des Subjekts. Untersuchungen zur Romantheorie. Tübingen 1973. S.142.

287 Vogel, Nikolai: E.T.A. Hoffmanns Erzählung *Der Sandmann* als Interpretation der Interpretation. S.84.

288 Puknus, Heinz: Dualismus und versuchte Versöhnung. Hoffmanns zwei Welten vom ´Goldnen Topf` bis ´Meister Floh`. In: Text + Kritik. Sonderband. E.T.A. Hoffmann. München 1992. S.54.

Wolfgang Nehring[289] oder Karin Preuß[290] angenommen. Das Happy End des Anselmus in „Der goldne Topf" könnte lediglich die durch Alkohol angeregte Phantasie eines Schriftstellers sein, während das apollinische Happy End der Clara in „Der Sandmann" nur in vagen Gerüchten auf den Erzähler gekommen ist. Die bürgerliche Welt zeichnet sich in „Der Sandmann" weitgehend durch Engstirnigkeit, Bigotterie aus und Nathanaels Untergang lässt sich auch als Folge seiner im positivistischen Empirismus befangenen Umgebung lesen. Gerade weil er die verständnislose Clara nicht enttäuschen möchte, lässt sich Nathanael schließlich entgegen seinen Ängsten auf Coppola ein.

Aber auch der paradiesische Urzustand der Harmonie wird durch den Archivar, Medardus und Nathanael lediglich als solcher *erinnert* und selbst in der Erinnerung erscheint er schon vor der „Vertreibung aus dem Paradies" wesentlich ambivalenter als die nostalgischen Figuren es mitunter wahrhaben wollen. Nicht von ungefähr zeugt die Märchenwelt gefährliche Gestalten wie die Apfelfrau, den Sandmann oder in „Die Elixiere des Teufels" den Teufel und die Venus.

Was Nikolai Vogel über „Der Sandmann" schreibt, gilt für alle drei Werke: „Der Text kann somit weder im romantischen noch im aufklärerischen Paradigma angesiedelt werden, er spielt beide gegeneinander aus und situiert sich in einem merkwürdigen Außerhalb..."[291] Da es eine äußere, unabhängige Perspektive jedoch nicht gibt, lässt sich der Standpunkt der Texte besser als ein „Dazwischen" erfassen. Sie wenden sich ebenso gegen den Totalitarismus der apollinisch konstruierten Pseudo-Intersubjektivität, also der Gesellschaft, wie gegen den dionysischen Extremismus jener, die ihre subjektive Sichtweise der Gesellschaft aufzwingen wollen.[292] Anselmus und Medardus sind deswegen eher sympathische Helden, weil sie sich mit ihren Wunschprojektionen schließlich ganz aus der Gesellschaft zurückziehen. Ihre Überwindung der *kosmischen* Dissoziation ist allerdings irreal, weil sie alle anderen Perspektiven einfach ignorieren, anstatt sie zu integrieren. Der goldne Topf und die Klosterzelle sind hermetische Refugien, aber ebenso gut könnten es Gummizellen sein.

Im Gegensatz zu Anselmus, Veronika, Medardus und Nathanael stehen jedoch ihre Mentoren. Diese haben gelernt, souverän mit dem ungeliebten Zwiespalt umzugehen, indem sie ihre dionysischen Eigenschaften als vermeintliche Fabulierkunst, „chemische Zaubertricks" oder Wahrsagerei für pubertierende Mädchen in den bürgerlichen Alltag integrieren. Das sind der Archivar/Salamander, die

---

289 Vgl. Nehring, Wolfgang: Hoffmanns Erzählwerk: Ein Modell und seine Variationen. Zeitschrift für Deutsche Philologie. 95. 1976. [S.3-24] S.5.

290 Vgl. Preuß, Karin: The Question of Madness in the Works of E.T.A. Hoffmann and Mary Shelley. Frankfurt am Main 2003. S.61.

291 Vogel, Nikolai: E.T.A. Hoffmanns Erzählung *Der Sandmann* als Interpretation der Interpretation. S.56.

292 Vgl. Safranski, Rüdiger: E.T.A. Hoffmann. S.470-471.

Apfelfrau/Hexe, Coppelius/Coppola und in „Die Elixiere des Teufels“ der Friseur und Puppenspieler Schönfeld/Belcampo.

> „Monomythisch gefangen sind bei Hoffmann die Figuren, die entweder ganz im bürgerlichen Alltag oder ganz im Jenseits davon untergehen. Monomythisch verstrickt ist also der Registrator Heerbrand, der [...] selbst im Traum nicht aufhört, verlorene Aktenstücke zu suchen; ist aber auch Anselmus, der von der Atlantis-Welt mit Haut und Haaren verschlungen wird. Deshalb ist ein positiver Held des *Goldnen Topf* nicht zuletzt der Erzähler selbst, der an vielen Welten, an vielen Geschichten teilnimmt, [...] der die Einheit von Raum, Zeit und Handlung auflöst, [...] der empirische Wirklichkeit und Imagination so ineinanderschiebt, daß alle Eindeutigkeit schließlich verschwindet.“[293]

Auch die Erzähler- und Herausgeberfiguren besitzen eine relative Souveränität, die aber nicht Allwissenheit bedeutet, sondern das Arrangement mit dem begrenzten Wissen. Gerade *weil* sie einsehen, dass ihre Sprache nicht eins zu eins die Wirklichkeit wiedergibt, ist es ihnen möglich, zwischen verschiedenen Perspektiven zu wechseln. Sie gehören damit zu den Emissären, die zwischen den Welten wandeln. Der Archivar, die Hexe und der Sandmann versuchen zwar, ihre jungen Opfer auf eine bestimmte Sichtweise festzulegen, ihre eigene Macht aber basiert zu einem bedeutenden Teil auf der Verwirrung, die sie durch ihre fortwährende Verwandlung erzeugen. Das Leiden des Archivars am dissoziierten Kosmos ist eher milde Fraustration als essentielle Verzweiflung wie das Leiden der jugendlichen Helden. Die Hexe und der Sandmann nutzen ihre Lage lustvoll zum Bösen. Auch Belcampo/Schönfeld ist, entgegen der herablassenden Belustigung, die er bei anderen zunächst hervorruft, niemals so hilflos wie Medardus, den er wiederholt durch die Verwandlungskünste seiner Frisierkunst rettet. Sein Verhältnis zur Erscheinungsform ist spielerisch, „denn er verkörpert den instinktiven Erhaltungstrieb, den zähen primitiven Lebenswillen.“[294]

Das bewusste Verweilen in der Dissoziation wird durch drei Elemente möglich und erträglich:

1. Drogen. Der Erzähler in „Der goldne Topf“ kann sich durch Alkohol nach Atlantis versetzen, auch der Archivar und der Vater Nathanaels sprechen beim Erzählen ihrer Geschichten Alkohol und Tabak zu. Allerdings bergen Rauschmittel, wie sich an den Elixieren des Teufels erweist, auch die Gefahr, das Bewusstsein ihrer Konsumenten nicht zu erweitern, sondern endgültig zu trüben. Auch wird der Erzähler am Ende von „Der goldne Topf“ von Entzugserscheinungen geplagt.
2. Humor. Medardus und Nathanael sind völlig humorlos und Anselmus regt nur unfreiwillig zum Lachen an. Der Archivar dagegen „mußte seiner höheren Natur unerachtet sich den kleinlichsten Bedrängnissen des gemeinen

293 Ebd. S. 327.

294 Reber, Natalie: Studien zum Motiv des Doppelgängers bei Dostojevskij und E.T.A. Hoffmann. S.140.

Lebens unterwerfen, und daher kommt wohl oft die schadenfrohe Launen, mit der er manche neckt."[295] Belcampo alias Schönfeld gelingt es durch sein komödiantisches Puppenspiel, seine Publikum für einen Moment wieder in das kindliche Idyll zurückzuversetzen, so auch Medardus: „...ich selbst, wunderlich angesprochen von der neuen fabelhaften Erscheinung Belcampos, ließ mich fortreißen und brach aus in das längst ungewohnte Lachen der innern kindischen Lust."[296] Der komische Effekt entsteht bezeichnenderweise dadurch, dass Belcampo die Illusion des Puppenspiels unterbricht und selbst zwischen den Figuren auftaucht. Auch Coppola alias Coppelius hat Humor: „Ha ha – wartet nur, der kommt schon herunter von selbst..." kommentiert er die Anstalten, den selbstmörderisch rasenden Nathanael vom Turm herunterzuholen. Dieser Zynismus ist allerdings der Witz des Bösen, während die sympathischer dargestellten Figuren sich im weniger verächtlichen Tonfall der Ironie über das Gefälle zwischen Ideal und Wirklichkeit erheben.

3. Kunst. Diese Lösung mag zunächst verwundern, denn unter den Helden Hoffmanns endet gerade Nathanael, der sich als Schriftsteller versucht, in der Katastrophe. Auch der süffisante Überblick, den der Erzähler über die schwärmerischen Reaktionen gibt, die Claras Aussehen in den Vertretern der verschiedenen Künste hervorruft, stimmt skeptisch; ebenso der Umstand, dass der malende Urahn des Medardus deswegen einen Erbfluch über sein Geschlecht brachte, weil er einer Heidin verfiel und sie als Modell für ein Heiligenporträt nahm. „Der Persönlichkeitsverlust, die Identitätsverwirrung als Grundlage der Persönlichkeitsspaltung, wäre somit nach Hoffmann die Krankheit des Künstlers schlechthin."[297] Tatsächlich aber treffen die Erzählungen eine Unterscheidung zwischen schlechter und guter Kunst, und zwar im moralischen Sinne. Die Gefahr liegt nicht darin, dass der Urahn Maler ist, sondern, dass er weiterhin auch ein Fürstensohn bleibt, der sich erst der Kunst widmete, weil „die Schöpfung des Malers, die reine Abspiegelung des ihm innewohnenden göttlichen Geistes sei", und in dem dann „wie ein lange mühsam unterdrücktes Feuer [...] der Stolz [hervorbrach] [...]. Er hielt sich für den größten Maler seiner Zeit und die erreichte Kunstvollkommenheit mit seinem Stande paarend, nannte er sich selbst den fürstlichen Maler."[298] So wie sein Nachfahre Medardus die Rhetorik und Nathanael die Literatur, will der Maler seine Kunst missionarisch missbrauchen, um seine subjektive Perspektive zur alleingültigen zu erheben. Die *Verwirklichung* ihrer Kunst scheint ihnen zu gelingen, erweist sich aber als fatal, weil sie der Obsession

295 Der goldne Topf. S.304.

296 Die Elixiere des Teufels. S.302.

297 Reber, Natalie: Studien zum Motiv des Doppelgängers bei Dostojevskij und E.T.A. Hoffmann. S.212.

298 Die Elixiere des Teufels. S.276-277.

für ihre ins Leben getretenen Schöpfungen zum Opfer fallen: Der Maler seiner Venus, Nathanael dem Sandmann. Insgesamt positiv erscheinen dagegen der Puppenspieler Belcampo und auch der Archivar als Geschichtenerzähler, der am Ende die Grenzen zwischen der Wirklichkeit seiner Kunst und der Realität eingesteht: „Ist denn überhaupt des Anselmus Seligkeit etwas anderes als das Leben in der Poesie, der sich der heilige Einklang aller Wesen als tiefstes Geheimnis der Natur offenbaret?“[299] Sie machen durch die Betonung des künstlerischen Vorganges deutlich, dass ihre subjektive Perspektive lediglich eine Konstruktion ist. „Erst wenn die kritische Selbstzucht dem bewußtlosen Empfangen die Stange hält, kann das Erleben des Menschen in der Kunst objektiviert werden, kann sich der Mensch von seinem eigenen zweiten Ich lösen...“[300]

Als Persönlichkeit in einer dissoziierten und dissoziierenden Welt zu überleben, gelingt also durch die Kunst der romantischen Ironie. Die Erzähler- und Herausgeberfiguren beherrschen diese, auch wenn sie mitunter zu bedauern vorgeben, durch ihre Sprache nicht die Grenze zum Rezipienten zu verwischen. Ihre Mutmassung, Bilder könnten solches vermögen, muss allerdings ebenso enttäuscht werden. In den Worten Lessings:

> „Gegenstände, die nebeneinander, oder deren Teile nebeneinander existieren, heißen Körper. Folglich sind Körper mit ihren sichtbaren Eigenschaften die eigentlichen Gegenstände der Malerei. Gegenstände, die aufeinander, oder deren Teile aufeinanderfolgen, heißen überhaupt Handlungen. Folglich sind Handlungen der eigentliche Gegenstand der Poesie. Doch alle Körper existieren nicht allein in dem Raume, sondern auch in der Zeit.“[301]

Zu ergänzen wäre, dass selbst unfigürliche, abstrakte Bilder der Malerei in der Zeit stehen und nur linear wahrgenommen werden können: Über die Distanz zwischen mindestens zwei voneinander mehr oder weniger scharf abgegrenzten Kontrasten (hätte das Gemälde nur einen Farbton, bestünde immer noch der Kontrast zu seinem Umfeld). Zwar sind die verschiedenen Farbpartikel des Bildes gleichzeitig im Raum präsent, aber das gilt ja auch für die Buchstaben eines Textes – die visuelle Verbindung dieser Elemente aber gelingt nie gänzlich simultan. Selbstverständlich ist die Zeit, welche die Überwindung dieser Distanz, also der – zumindest oberflächliche - Überblick eines Gemäldes beansprucht, meist kürzer als die Zeit, die das Lesen eines Textes kostet. Daher erweckt die Rezeption eines Bildes stärker als die einer Schrift den Eindruck von Gleichzeitigkeit. Bilder schaffen so eine

299 Der goldne Topf. S.338.

300 Reber, Natalie: Studien zum Motiv des Doppelgängers bei Dostojevskij und E.T.A. Hoffmann. S.212.

301 Lessing, Gotthold Ephraim: Laokoon oder über die Grenzen der Malerei und Poesie. In: Gotthold Ephraim Lessing. Gesammelte Werke. Band 2. Herausgegeben von Wolfgang Stammler. München 1959. S.781.

direktere und zunächst eindringlichere Präsenz im Raum. Die Unbeweglichkeit ihrer Motive verdeutlicht aber auch wiederum die Grenze zum Betrachter. Die camera obscura hingegen zeigt verschiedene Bilder auf und ist somit im stärkeren Maße von der Verzeitlichung geprägt. Wie verhält es sich nun mit dem Tonfilm, der aus Zeitbildern besteht und das Publikum über verschiedene Sinnesorgane zugleich erreicht? Lässt er die Grenzen zwischen Subjekt und Objekt, Rezipient und Film vergessen? Ist diese Kunstform „dionysischer" als die Literatur?

b) Subjektivität im Film

Um der Frage nachzugehen, wer in den Filmen David Lynchs erzählt, muss zunächst geklärt werden, ob und wo eine erzählende Instanz im Film zu suchen ist. Oliver C. Speck unterschied deren drei:[302]

1. Der Autor-Erzähler. Er mache sich bemerkbar durch einen „sichtbaren" Schnitt, bei dem Einstellungen nicht nach dem Kriterium raum-zeitlicher Kontinuität montiert werden. Außerdem können zu seinen Ausdrucksmitteln eine (auffällige) extradiegetische Musik, sowie schriftliche Inserts und der voice-over gehören, sofern letzterer nicht von einer Figur stammt, die nicht „erlebend" an der Handlung teilnimmt. Der Autor-Erzähler stört die Illusion, indem er auf den Erzählvorgang selbst hinweist. Er soll den fiktiven Erzählerfiguren der Literatur entsprechen.
2. Die Kamera. Die Kameraperspektive ergibt sich aus der Kamerahaltung und der Kamerahandlung mitsamt ihrem diegetischen Ton. Speck sieht sie als „unsichtbaren Zeugen" parallel zu dem „impliziten Autor" der mit dem *empirischen* Autor des Werkes (z. Bsp. E.T.A. Hoffmann) inkongruent ist, sich aber nicht kommentierend in die literarische Erzählung einmischt und somit auch nicht als fiktive Figur Gestalt annimmt.
3. Die 1. Person. Ihre Perspektive kann durch „Point-of-View"-Shots konstruiert werden, das heißt: Zunächst wird eine Figur gezeigt, um das Subjekt des Blickes zuzuordnen, dann folgt die Einstellung ihres Sichtfeldes. Die subjektive Wahrnehmung aus der „Ich"-Perspektive kann aber auch durch verzerrte Töne vorgeführt werden, sowie durch einen voice-over aus der Ich-Perspektive eines der Protagonisten. Wie in der Literatur kann die Handlung auch heterodiegetisch von verschiedenen Ich-Erzählern wiedergegeben werden.

Es gibt mehrere Gründe, aus denen diese Einteilung Specks nicht funktioniert. Zunächst kann der Erzählvorgang auch durch die Kamera thematisiert werden, etwa durch Kamerahaltungen, welche die Künstlichkeit ihrer Perspektive betonen – wenn die Einstellung zum Beispiel aus einem Kaminfeuer heraus gefilmt ist.[303]

302 Vgl. Speck, Oliver C.: Der subjektive Blick. Zum Problem der unter-sagten Perspektive im Film. St. Ingbert 1999. S.74.

303 Vgl. Truffaut, Francois: Mr. Hitchcock, wie haben Sie das gemacht? München 1990. S.41.

Oder durch Kamerahandlungen wie in „Wild at Heart", wo die Figuren als wandelnde Filmzitate auftreten. Die Vorstellung eines auktorialen, aber fiktiven Erzählers im Film ist ohnehin falsch: Es kann ihn nicht geben, weil für einen Kameramann erzählte und erlebte Zeit immer zusammenfallen muss, er also zwangsläufig Teil des Geschehens ist. Filme wie „Mann beißt Hund"[304] oder „The Blair Witch Project"[305], in denen die Leute hinter der Kamera sich zu erkennen geben, wenn sie sich verbal äußern oder selbst filmen, wirken deshalb nicht antifiktional, sondern sogar um so authentischer. Zudem kann eine Kamera auch noch weiterfilmen, wenn die Figur, die sie bediente, in der Filmhandlung bereits verstorben ist, wie in den beiden obig erwähnten Filmen. Auch ein Voice Over könnte die Ebene eines auktorialen Erzählers nur erreichen, würde er den gesamten Film über im Detail das beschreiben, was im Bild zu sehen ist – und das ist kaum praktikabel. Ansonsten ist aber nicht die Sicherheit eines allwissenden Erzählers gegeben, weil die Kameraperspektive immer mehr oder andere Informationen haben kann als dieser. Möglich wäre allenfalls ein impliziter Autor, der nicht als fiktive Figur Form annähme. Letztlich handelt es sich dabei jedoch in der Literatur- wie in der Filmwissenschaft nur um eine behelfsmäßige Personifikation der textuellen, bzw. filmischen Strukturen.[306] Die Vorstellung eines allwissenden, sich nicht einmischenden Autors zwischen dem empirischen Autor und den Figuren ist eher ein unsachlicher Anthropomorphismus[307] als die „präzise Beschreibung eines bestimmten Erzählparadigmas"[308].

Ein weiterer Kritikpunkt an Specks Einteilung ist, dass sich die subjektive Perspektive im Film nicht mit der Erzählung aus der 1. Person gleichsetzen lässt. Der Point-of-View-Shot funktioniert über das Versprechen der Schnitt-Gegenschnitt-Kausalität. Das Publikum nimmt aufgrund der etablierenden Einstellung einer Figur lediglich an, dass die folgende Einstellung aus ihrer Perspektive gefilmt ist. Diese Annahme kann aber auch enttäuscht werden, wenn sich das „Subjekt" und das „Objekt" des vermeintlichen POV-Shots beispielsweise in einer dritten Einstellung als räumlich getrennt erweisen wie in „Das Schweigen der Lämmer"[309], wo dem FBI-Team scheinbar der Serienmörder auf der Türschwelle gegenübersteht, dann aber klar wird, dass es sich um zwei verschiedene Häuser handelt. Zudem ist der „Begriff ´subjektive Kamera` […] ja insofern trügerisch, als niemand tatsächlich so starr sehen würde, wie die Kamera es glauben machen will. So sieht man in

304 C'est arrivé près de chez vous. Belgien 1992. Regie: Rémy Belvaux.

305 The Blair Witch Project. USA 1999. Regie: Daniel Myrick und Eduardo Sánchez.

306 Bei einem Werk, dessen Handlung von verschiedenen Ich-Erzählern vermittelt wird, wird man auch kaum von einem auktorialen Erzähler sprechen, dennoch gibt es darin eine übergeordnete Struktur der „Montage", die nicht mit der Ebene des realen Schriftstellers gleichzusetzen ist.

307 Vgl. Thompson, Kristin: Breaking the Glass Armor: Neoformalist Film Analysis. Princeton 1988. S.7.

308 Speck, Olicer C.: Der subjective Blick. S.62.

309 The Silence of the Lambs. USA 1991. Regie: Jonathan Demme.

diesen Szenen keineswegs genauso viel wie die betreffende Figur, sondern entschieden weniger..."[310] Nähme man jedoch an, dass die Figuren, da sie ja ohnehin konstruiert sind, genauso viel sähen, wie die Kamera zeigt, ließe sich immer noch nicht von einer 1. Person sprechen, da lediglich die visuelle Wahrnehmung subjektiv wiedergegeben würde, nicht aber deren innere Reflektion. Innere Befindlichkeiten direkt äußern kann lediglich der Voice Over. Spricht eine Figur aber einen inneren Monolog oder kommuniziert sie mit einem Zuhörer durch einen Voice Over, bedeutet dies nicht, dass die gesamte Handlung aus der 1. Person erzählt wird, denn der Ton beschreibt nie oder nur partiell die Bilder, weil das Publikum andererseits ja dieselben Informationen doppelt erhalten würde. Oft genug widersprechen die Bilder sogar dem Ton.
Der Film kommt dem „Innenleben" einer Figur also nicht näher als in einer personalen Erzählweise, es gibt kein ´Ich denke/sehe`, sondern ein ´Er/Sie denkt/sieht`. Ein Voice Over in der 1. Person entspricht einem ´Er/Sie denkt: „Ich..."` Anders als in der Literatur ist jedoch durch die filmische Gleichzeitigkeit von Sprach- und Bilddarstellung kaum Zeit für allzu lange und komplexe Gedankengänge, da die Tonebene sonst nicht mehr mit der Bildebene Schritt halten würde. Es gibt im Film also ausschließlich die personale Erzählung und die Perspektive des „impliziten, auktorialen Erzählers" bzw. des jeweiligen Films.

c) Subjektivität bei David Lynch

In der hier beleuchteten Trias von Filmen fallen wiederholt drei unkonventionelle Verfahren der Kameraführung auf. So trennt die Kamera oft den Raum als „Spitze eines Dreiecks" in zwei Achsen: Jemand taucht entfernt am rechten Bildrand auf, durchquert den Raum schräg auf die Kamera in der Mitte zu, passiert sie und bewegt sich dann wieder diagonal von ihr fort, bis er im Hintergrund „jenseits" des linken Bildrandes verschwindet. Diese am Schnittpunkt eines 90°-Winkels positionierte Kamera zeigt in „Blue Velvet" Jeffrey auf dem Weg zum Krankenhaus, wo er dem schockierenden Anblick seines hilflosen Vaters ausgesetzt sein wird. Gegenüber der Kamera, in der hinteren Mitte des Bildes also, steht eine einsame Hütte, in der Ikonographie der Lynch-Filme Sinnbild für das noch rohe, labile, der Natur abgetrotzte Bewusstsein (siehe „Lost Highway"). Als dreieckige Bewegung ist auch Jeffreys Weg durch die Polizeistation gefilmt, als er mithilfe der Beamten den „Eigentümer" des Ohres finden will, sowie Fred, als er in „Lost Highway" seine Wohnung durchquert, um durch das Fenster nach dem Absender seiner Video-Botschaft Ausschau zu halten; in „Wild at Heart" sind Sailor und Lula aus diesem Winkel bei der Einfahrt in New Orleans zu sehen, der unheimlichen ersten Station ihrer Reise. Die hier angewandte Kamerahaltung verdeutlicht zum einen, dass die Figuren in eine andere, im Zusammenhang der Filme stets bedrohliche, sprich „erwachsene" Welt eintreten, zum anderen unterstreicht sie, dass

310 Stresau, Norbert: Der Horror-Film. S.51.

die Annäherung sowohl des Zuschauers als auch des Films selbst an die Figuren nur eine flüchtige sein kann.
Einen sehr ähnlichen Effekt hat der vorübergehende Wechsel einer Kamerafahrt, die in naher oder halbnaher Einstellung vor einem Protagonisten zurückweicht und einer Kamerafahrt, die dessen Perspektive simuliert. Sie setzt ein, wenn Figuren eine lange, gerade Strecke zurücklegen, so Jeffrey und Sandy bei ihrem Spaziergang durch die Allee, Sailor und Lula bei ihrer Fahrt durch die nächtliche Wüste, sowie Fred und später Pete bei ihrer Erforschung der Korridore. Auch hier wird der durch die subjektive Kamera nahe gelegte Eindruck des Publikums, an die Stelle des Protagonisten getreten zu sein, stets durch Einstellungen gebrochen, in denen die Kamera rückwärts vor den Figuren zu fliehen scheint. Sozusagen aus gutem Grund, denn die (pseudo-) subjektive Perspektive führt stets zu einem schokkierenden Anblick, zum Kleinstadtslum („Blue Velvet"), einem Unfall („Wild at Heart"), einer Mordphantasie, sowie einer eifersüchtigen in-flagranti-Vision der eigenen Geliebten („Lost Highway").
Nachdem in den Anfängen des Kinos Filme der Brüder Lumière (1895) oder der Firma Biograph (1897) noch für Panik im Publikum gesorgt hatten, weil Züge auf die Kamera zuzurasen schienen oder die Kamera vor der Lokomotive über die Gleise zu fliegen schien, wurden direkte ´Attacken` auf die Kamera, sowie die Kamerafahrt in die Tiefe des Raums tabuisiert, als das ´Attraktionskino` vom ´Klassischen Erzählkino` abgelöst wurde.[311] Um einer stringenten Handlung folgen zu können, sollte das Publikum stets über den Raum orientiert bleiben wie über eine Bühne.

> „Um den Handlungsraum nicht amorph, entgrenzt und unkontrollierbar werden zu lassen, hat (das apollinische) Hollywood die Linie zum Stilprinzip erhoben. Fundament der IMR [Institutional Mode of Representation] ist die 180°-Regel. Durch das Zentrum der Handlung wird eine imaginäre Linie gelegt, die z. B. zwei Personen verbindet. Die Kamera darf bei den seltenen Fahrten oder zwischen zwei Schnitten diese Linie nicht überschreiten."[312]

Mit Nachhall (für sein Genre und später für das der Schwarzen Serie) wurde an dieses Tabu erst wieder in einem Horrorfilm gerührt, der bemerkenswerterweise eine Persönlichkeitsspaltung zum Thema hatte: „Dr. Jekyll und Mr. Hyde"[313], der seine(n) Protagonisten Jekyll und später Hyde jeweils erst nach einer langen subjektiven Kamerafahrt etabliert.
Bei Lynch ist sowohl die subjektive Kamera*fahrt*, als auch der Point-of-View-Shot für das ´Subjekt` des Blickes umso gefährlicher, je größer, also näher die Aufnahme des Objekts ist: In „Wild at Heart" und „Blue Velvet", wenn Reggie, bzw. Frank auf die Kamera, also Johnnie Farragut bzw. Jeffrey zielen und in „Lost Highway",

311 Vgl. Schmid, Hans: Fenster zum Tod. München 1993. S.60.
312 Ebd. S.63.
313 Dr. Jekyll and Mr. Hyde. USA 1931. Regie: Rouben Mamoulian.

wenn ein Polizeibeamter direkt in die Kamera, also in Freds Gesicht schlägt. Zwar sind Lippen mitunter in Detailaufnahme wiedergegeben, aber der Linse nähern sich nie ein küssender Mund, nie Zärtliches, immer nur Fäuste und Revolvermündungen.
Neben der Kamerahaltung zwischen zwei Achsen und dem Wechsel von der Kamerafahrt rückwärts zur subjektiven Kamerafahrt vorwärts, ist die dritte auffällige Technik, die in Lynchs Filmen angewandt wird, das ´doppelte Fading`. Auf dieses weist auch Georg Seeßlen[314] hin, sowie Ralfdieter Füller:

> „Im Gegensatz zum ´dramatischen` Abblenden, in dem die Figuren die Szene nicht verlassen, ist das ´double fading` dadurch gekennzeichnet, daß die Kamera, nachdem eine Figur die Einstellung verlassen hat, noch einen kurzen Moment am Ort verweilt, bevor sie abblendet. [...] Dem Zuschauer wird über das ´double fading` ein Eindruck von Abwesenheit und Leere vermittelt, indem er am Verlust von Abgeschlossenheit und Finalität [...] teilhat."[315]

Immer wieder also wird mittels der Kamera der Eindruck einer personalen Erzählung gerade so lange erweckt, um deren überwiegende Absenz umso deutlicher zu unterstreichen. Die Kameraperspektive sieht meistens mehr als jene der Figuren, liefert ironischerweise deswegen aber nicht immer mehr Informationen - oder zumindest nicht immer solche, die sich unmittelbar als wesentlich für die Aktionen der Protagonisten erweisen. Wenn die Kamera zeigt, dass Dorothy sich ihrer Wohnung nähert, während der Einbrecher Jeffrey darin zur Toilette geht, ist dies eine klassische Suspense-Szene.[316] Wenn der ´Kamerablick` aber weiter auf einem Sofa in Bens Bordell ruht, während alle Schauspieler längst aus dem Bild verschwunden sind, dann geben die defekte Puppe im Rock, die auf dem Sofa sitzt, sowie das Bild eines nackten Frauenkörpers, das darüber hängt, nur ein weiteres Rätsel auf, nämlich warum ihnen der Film diese Aufmerksamkeit schenkt. Jerslev kam daher zu dem Schluss: „Mit [...] Jeffrey verhält es sich ähnlich wie mit der Lynchschen Kamera [tatsächlich zeichnete Frederick Elmes bei „Blue Velvet" für die direkte Leitung der Kameraleute verantwortlich]; sie will aufdecken und verdeckt doch dabei."[317] Tatsächlich erweitert aber auch das auf den ersten Blick Nebensächliche, auf das sich die Kamera so befremdlich fokussiert, natürlich den Bedeutungshorizont des Werkes. Die Bedeutung der zuletzt angeführten Einstellung etwa lässt sich relativ leicht entschlüsseln - auch ohne die Kenntnis der Regieanweisungen, die Lynchs seinen Darstellerinnen gab, nach denen sie ihre Rollen als objektivierte Missbrauchsopfer in einigen Sequenzen wie „kaputte Aufziehpuppen" spielen sollten.[318]

---

314 Vgl. Seeßlen, Georg: David Lynch und seine Filme. S.224-225.
315 Füller, Ralfdieter: Fiktion und Antifiktion. S. 100.
316 Vgl. S.67 dieser Arbeit.
317 Jerslev, Anne: David Lynch. S.45.
318 Vgl. eine Äußerung Isabella Rosselinis in der Dokumentation „Mysteries Of Love" (USA

Zudem wechseln die Blickwinkel der Kameraperspektive außerordentlich häufig und dies gilt im verstärkten Maße für „Lost Highway“. Schon zu Beginn von „Lost Highway“ etwa wird das Gesicht Fred Madisons in drei direkt aufeinander folgenden Einstellungen zunächst im rechten, dann im linken und dann wieder im rechten Profil aufgenommen. Durch dieses Schnitt-Gegenschnitt-Verfahren scheint Fred wortlos mit sich selbst zu kommunizieren, zugleich aber scheint sich der Film selbst nicht auf eine Betrachtungsweise festlegen zu wollen.

> „Die Abkehr von einem unteilbaren, eindeutig festgelegten Individuum [...] wird in *Lost Highway* auch filmtechnisch nachvollzogen, indem die Kamera selbst zu einer eigenständigen pluralistischen Erzählinstanz wird. Mal nimmt sie Freds Perspektive ein: dann kann man im Dunkeln des Hauses nichts erkennen. Ein anderes Mal scheint sie mit den Augen Petes wahrzunehmen: dann wird sie unscharf und wackelig wie vor einem epileptischen Anfall... [...]. Wiederum ein anderes Mal verselbstständigt sie sich total und nimmt die Perspektive einer Überwachungskamera ein, die in Freds und Renees Haus eindringt.“ [319]

Den Aufnahmen dieser Videokamera, welche sich im Verlauf des Films als Eigentum des ´Mystery Man` herausstellt, wird in der Sekundärliteratur, so von Füller,[320] Seeßlen,[321] Bähr[322] und Pabst[323] zugebilligt, einer zuverlässigen Erzählinstanz am nächsten zu kommen. Dafür spricht, dass der Mystery Man nicht nur zwischen der Welt Freds und der Welt Petes wandelt, sondern sich auch an allen Orten gleichzeitig zu befinden scheint. Während Fred Videokameras hasst, weil deren Bilder mit denen seiner eigenen Erinnerung konkurrieren, zwingt der Mystery Man ihn und Dick Laurent zur Konfrontation mit seinen Aufzeichnungen. Wie einen Beweis führt er Freds Rivalen Laurent während dessen ´Hinrichtung` ein SM-Porno von Renee vor. Als Fred, der, ohne es zu ahnen, bereits wieder in seinen alten Körper zurückversetzt wurde, den Mystery Man in seiner Hütte aufsucht und nach Petes Geliebter Alice fragt, führt dieser ihn unsanft in Freds Welt zurück:

> „Alice who? Her name is Renee! If she told you her name is Alice, she's lying. And your name? What the fuck is your name?”

Daraufhin verfolgt er den entsetzten Fred mit besitzergreifend ausgestreckter linker Hand und der Videokamera in der rechten.

2002, Regie: Jeffrey Schwarz) und eine Äußerung Naomi Watts' in „Making of Mulholland Drive“ (FR/USA, 2002, Regie: o. A.)

319 Füller, Ralfdieter: Fiktion und Antifiktion. Trier 2001. S.226.

320 Vgl. Ebd. S.224, sowie 229 -235.

321 Vgl. Seeßlen, Georg: David Lynch und seine Filme. S.172-173.

322 Vgl. Bähr, Ulrich: ´Dealing with the human form`: Deformation als ambigue Zeichen künstlerischer Freiheit und zerstörerischer Macht. In: ´A Strange World`. S.196.

323 Vgl. Pabst, Eckhard: ´He will look where we cannot.` S.16.

Die verwackelten Schwarz-Weiß-Aufnahmen der Videokamera scheinen also ungekünstelter und wahrhaftiger zu sein als die Panavision-Kinobilder, in denen Fred und Pete sich bewegen. Darauf deutet auch hin, dass Fred und Dick Laurent durch das Betrachten der Videos offensichtlich dieselben Szenen in ihrer eigenen Erinnerung wiederholen. Als Fred sich beispielsweise die Aufnahmen seines Mordes an Renee ansieht, folgt auf die Schwarz-Weiß-Bilder plötzlich eine Aufnahme derselben Szene in Farbe und besserer Auflösung, die nicht mit derselben Kamera gefilmt ist. Sie ist aber auch nicht subjektiv, da sie Fred aus leichter Aufsicht zeigt, befindet sich also im Übergang zwischen der Aufzeichnung des Videofilmers und der Erinnerung Freds. Dieser wendet sich entsetzt vom Bildschirm ab, wird jedoch vor seiner Verwandlung in der Zelle von weiteren farbigen Flashbacks seines Verbrechens gepeinigt. Die Bildqualität dieser kurzen Rückblenden, vor denen Fred flieht und vor denen der sterbende Dick Laurent nicht mehr fliehen kann, macht aber auch klar, dass die Videokamera lediglich farblose und undeutliche Abbilder des Geschehens liefern kann und für die Sinneseindrücke der Beteiligten unempfänglich bleibt. Folglich liefern auch die Videos nur einen Teil des Perspektiven-Puzzles. Sowohl Seeßlen, als auch Bähr und Füller betrachten den Mystery Man als Autorenfigur, die sich mit antifiktionalem Effekt in die von ihr koordinierte Illusion einmischt:

> „Und tatsächlich wirkt der ´Autor` [...] nur noch wie ein wissender Kobold; er ist in der Tat nicht mehr so sehr der Schöpfer, sondern der Dekonstrukteur seiner Figuren. [...] Man kann LOST HIGHWAY also auch als Abbildung des Ringens einer Figur mit seinem Autor ansehen, der mindestens ebenso unfertig und unentschlossen ist [...] wie sie selber.“[324]

Es ist jedoch fragwürdig, im Mystery Man eine Autorenfigur zu suchen, da vieles darauf hindeutet, dass nicht Fred sein Geschöpf ist, sondern es sich gerade umgekehrt verhält. So antwortet er bei seinem ersten Auftritt auf Freds Frage, wie der unheimliche Besucher in sein Haus gelangt sei:

> „You invited me. It is not my custom to go where I'm not wanted."

Auch nimmt er Fred die "Drecksarbeit" ab, reicht ihm das Messer, um im Kampf Dicks Kehle durchzuschneiden und erschießt diesen dann selbst. Er bietet Fred damit eine verführerische Gelegenheit, denn Fred übernimmt die Verantwortung für sein Handeln ebenso wenig wie Pete, der erfolglos versucht, die Schuld an Andys Tod mit Alice zu teilen:

> „Pete: We killed him.
> Alice: You killed him.
> Pete: What do we do? What do we do?“

---

324 Seeßlen, Georg: David Lynch und seine Filme. S.173.

Der Mystery Man ist somit - wie Frank für Jeffrey in „Blue Velvet", wie Santos für Marietta und Bobby für Sailor in „Wild at Heart", wie die Apfelfrau für Viktoria in „Der goldne Topf", Viktorin für Medardus in „Die Elixiere des Teufels" und vielleicht sogar Coppola für Anselmus in „Der Sandmann" - ein Alter Ego, auf das Fred beizeiten zurückgreift, um gegen die Regeln zu verstoßen, das aber unerwünscht ist, sobald der Verdrängungsprozess einsetzt.
Eher schon könnte man also Fred als Autorenfigur von „Lost Highway" betrachten. Auch diese These findet sich bei Seeßlen:

> „Die Schizophrenie des Mörders breitet sich über seine Erzählung aus; es ist, als verwandle sich stets eben jener abgespaltene Teil der Person in den Erzähler, der als Fremder zum Wesen außerhalb seiner werden mußte. (Das heißt auch: jeder schizophrene Schub produziert auch einen neuen Autor, der mit den wenigen konstanten Größen immer neue Geschichten erzählen kann, deren Antriebskraft nichts anderes ist [als] der doppelte Wunsch, seinen mörderischen Impulsen zu folgen und sie zugleich nicht wahrzunehmen."[325]

Allein, für diese Ansicht gibt es lediglich viele Indizien, doch keinen Beweis. Der Mystery Man könnte ebenso das ins Bewusstsein dringende Es wie auch der gänzlich externe Satan sein, der von Fred die Einhaltung eines Paktes einfordert. Daniela Langer führte eine psychologische[326], Olaf Schwarz eine phantastische Interpretation[327] des Films durch, jede ist in sich völlig schlüssig und doch bleiben beide möglich. Auf der Suche nach einer Autorenfigur deutete Seeßlen kleine Beobachtungen zu spekulativen Verschwörungstheorien aus: Etwa, dass Frank die Demütigung Dorothys nur inszenieren könnte, um sie über Dons Verlust hinwegzutrösten oder dass Detective Williams mithilfe seiner Tochter Jeffrey als Ermittler instrumentalisiere, weil in der Polizei niemandem mehr zu trauen wäre.[328]
Letztlich gibt es sowohl in „Lost Highway", wie auch in „Blue Velvet" und „Wild at Heart" nur eine Vielzahl an Perspektiven, von denen keine die anderen genügend dominiert, um eine Instanz im eigentlichen Sinne zu sein. All diese verschiedenen Blickwinkel erfassen jedoch einige wiederkehrende Elemente, die somit ein gemeinsames Weltbild aller drei Filme konstituieren. Zumindest die Aussage, dass es keine intersubjektive Wahrheit gibt, beansprucht ja immerhin allgemeine Gültigkeit.
Wie bei E.T.A. Hoffmann führen forcierte Versuche, sich über die Grenzen der Subjektivität hinaus verständlich zu machen, entweder zu einer Zurückweisung durch den Empfänger oder, wenn die versendete Nachricht gewaltsam in diesen

---

325 Ebd. S.171.

326 Vgl. Langer, Daniela: Die Wahrheit des Wahnsinns. Zum Verhältnis von Identität, Wahnsinn und Gesellschaft in den Filmen David Lynchs. In: ´A Strange World`. S.69-94.

327 Vgl. Schwarz, Olaf: ´The owls are not what they seem.` Zur Funktionalität ´fantastischer` Elemente in den Filmen David Lynchs. In: ´A Strange World`. S. 47-68.

328 Vgl. Seeßlen, Georg: David Lynch und seine Filme. S.89-90.

eindringt, zur vorübergehenden oder endgültigen ´Überspielung` von dessen Persönlichkeit. Zu einer solchen Penetration des Objektes dienen wie in Hoffmanns Erzählung die Augen, weshalb die Figuren die Blicke den anderen abwehren (Franks ständiger Befehl „Don't you fucking look at me!", Freds Flucht vor der Kamera), ihren eigenen Blick aber erweitern wollen. Frank etwa atmet eine Droge ein, die seine Pupillen vergrößert, während der Mystery Man sein Auge um das Objektiv der Videokamera ergänzt. Auch wenn Frauen besonders oft ins Visier von Voyeuren geraten und Gewaltopfer werden, ist der penetrierende Blick jedoch ebenso wenig wie der Sadismus allein dem männlichen Geschlecht vorbehalten: Die Killerin Juana etwa starrt ihr Opfer in „Wild at Heart" ebenfalls mit weit aufgerissenen Augen an. Gerald Koll verallgemeinerte daher zu sehr, wenn er für Lynchs gesamtes Werk diagnostizierte:

> „Die Frau wird radikal zum Blickobjekt, ihres Augenlichts auch physisch beraubt. In LOST HIGHWAY sieht man in einem Porno des Produzenten Mr. Eddy eine Frau, der die Iris im Auge fehlt"[329].

Nicht nur, dass es sich hierbei nicht um eine Frau handelt, sondern um einen männlichen Pornostar, gespielt von dem langhaarigen Rockstar Marilyn Manson mit seiner obligatorischen weißen Kontaktlinse. Koll weist in seinem Text selbst darauf hin, dass in Lynchs Filmen nicht nur Frauen von Blindheit geschlagen sind, sondern zum Beispiel auch Ed, der Angestellte von Jeffreys Vater in „Blue Velvet", der wohl *wegen* seiner Blindheit bestens orientiert ist.
Anne Jerslev meinte, dass der ´weibliche` (aufnahmebereite) und der ´männliche` (fixierende) Blick sich in Lynchs Filmen nicht vom Geschlecht des Sehenden abhingen. Als Beispiel führte sie eine Sequenz an, die jener Passage in „Die Elixiere des Teufels" ähnelt, in welcher der voyeuristische Blick, den Medardus auf seine erste Liebe richtet, sein Zeitempfinden manipuliert.[330]

> „Wechselweise wird zwischen Dorothy und Jeffrey und Sandy hin- und hergeschnitten. Aber die letzte Einstellung der Montage zeigt eine Nahaufnahme von Jeffreys fasziniertem Gesicht. Es folgt eine Überblendung zu einer Totalaufnahme von Dorothy am Mikrofon, und wir sehen den Abschluß von Dorothys Auftritt; sowohl ihr Kleid als auch das Lied sind anders... [...] Sie wird immer wie durch Jeffreys Augen gesehen, obwohl diese Perspektive objektiv betrachtet nicht seiner Position im Raum entsprechen kann, da der Abstand zur Kamera geringer ist. Die Intimität der geringen Kameradistanz und die unsichtbare Verkürzung der Zeit vermitteln einen hypnotisierten oder traumähnlichen Zustand Jeffreys... [...] Es ist nicht der distanziert überschauende ´männliche` Blick, den er auf Dorothy richtet, sondern ein ´nicht-sehender`, der an den einfühlsamen ´weiblichen` Blick erinnert"[331].

---

329 Koll, Gerald: Say: ´Fuck me!` Invitation to Love. Frauen, ERotik und deR veRgewaltigende Buchstabe. In: ´A Strange World.` S.170.

330 Siehe S.35-36 dieser Arbeit.

331 Jerslev, Anne: David Lynch. S. 141.

Tatsächlich aber, das machen Lynchs Filme deutlich, gibt es überhaupt keinen Unterschied zwischen einem ´männlichen` und einem ´weiblichen` Blick. Die Hoffnung, über den Blick die Kontrolle ausüben zu können, ist trügerisch, denn *jeder* Blick lässt das Gesehene auch in das Bewusstsein des Sehenden eindringen, allerdings nicht im Verhältnis 1:1, sondern als subjektive Vorstellung. So wie die Erkenntnis dieses Umstands durch den Sehenden seine Wahrnehmung der Welt in Frage stellt, stellt umgekehrt seine Wahrnehmung der eigenen Identität im Spiegel oder im Videofilm sein Selbstbild infrage. In allen Filmen, besonders aber in „Wild at Heart" wird der Spiegel zum Einfallstor der Doppelgänger: Marietta verübt angesichts ihres Spiegelbildes einen symbolischen Selbstmord, indem sie sich in einem hysterischen Anfall erst die Pulsadern, dann das Gesicht blutrot schminkt. Als sie wieder zu sich kommt, trägt sie die Schuhe der Hexe des Südens. Sailors Gesicht wird durch einen Zerrspiegel in zwei Hälften zerdehnt, als er sich von Bobby zum Überfall überreden lässt. Lula erinnert sich vor einem Spiegel ihrer verdrängten Vergangenheit als Vergewaltigungsopfer. In Big Tuna steht sie wieder vor einem Spiegel, bevor sie sich unter Bobbys Belästigung wieder verwandelt von einer jungen Frau, die ihre wollüstige Hingabe mit dem Ruch der Kompensation[332] ins leicht Absurde überbetont, zurück in ein verängstigtes kleines Mädchen. Sowohl ´Onkel` Pooch als auch Bobby werfen Lula im Verlauf des Missbrauchs vor, dass sie die Lust ihrer Peiniger nicht widerspiegelt. Umso wichtiger scheint es für sie zu sein, Sailor ein Feedback zu geben:

> „You are so aware of what goes on with me, I mean you pay attention. And I swear baby you got the sweetest cock. It's like it's talking to me when you're inside, like he's got that little voice all the time."

Während Sailor und Lula in ihren Gesprächen bereits ebenso aneinander vorbei reden wie das resignierte Ehepaar Madison, nur mit einem vorerst größeren Sprachaufwand – „...the way your head works is god's own private mystery" -, dient ihnen der Sex als Verständigungsbasis. Nicht von ungefähr mag Sailor wie Lulas Vater "...skinny women with breasts that stood up and said Hello!"

> "Hier ist das Erzählen, insbesondere der eigenen Lebensgeschichte, mit Sex parallelisiert, so daß es scheint, als ob Redeakt und Sexualakt sich gegenseitig substituieren könnten. [...] Erzählen ist notwendiger Bestandteil von ´wahrer` Liebe und legitimiert Sex bzw. transformiert ihn zu einer solchen."[333]

Versuche, über Blicke, Sex und Sprache zu kommunizieren, drohen, führen sie nicht zu der erwünschten Antwort, immer in Gewalt zu enden. Weil Fred in Renees

---

332 Vgl. Koll, Gerald: Say: ´Fuck me!` Invitation to Love. S.159.

333 Krah, Hans: ´Menschliche Redeakte` und ´wahrhafte Zeichen`. Zum Status von Sprache in den augenscheinlich bild- und blickzentrierten Welten David Lynchs. In: ´A Strange World`. S.247.

Körper nicht eindringen kann, zerlegt er ihn schließlich, um ihr Inneres in Besitz zu nehmen. An Dorothy, Lula und Renee wird vorgeführt, dass Frauen besonders in Gefahr sind, derartig objektiviert zu werden, aber anders, als Gerald Koll meinte[334], zeigen die Filme auch, dass sie nicht durch eine höhere Gesetzmäßigkeit dazu bestimmt sind. Juana schminkt Johnnies Mund rot, als sie ihn foltert, dasselbe tut Frank mit Jeffrey, bevor er ihn zusammenschlägt und möglicherweise auch vergewaltigt (darauf spielen Franks homoerotische Erregung und Jeffreys Markierung durch einem Ohrring an, wie ihn auch die gezierte „pussy" Ben trägt.). Somit wird die weibliche Hilflosigkeit als eine Rollenmaske entlarvt, die Täter ihren Opfern aufschminken.

Der derbe Penetrationsbegriff „fuck", in dem Sex und aggressive Beschimpfung verbal verknüpft werden[335], wird nicht nur ständig von Mr. Eddy, Bobby und vor allem Frank, sondern auch von Marietta im Mund geführt, die es besonders prononciert ausspricht: „Lula's mama would like to *ffffuck* you!" „Bedrohliche Männer sind ohnehin oral akzentuiert",[336] wie der schwer sein Gas einatmende Frank, Bobby mit seinen verfaulten Zähnen oder Mr. Eddy, der sich gegenüber einem verantwortungslosen Autofahrer in eine Schimpfkanonade hineinsteigert, aber eben auch Frauen wie Juana, die sich vor dem Mord durch einen schrillen Kampfruf in Stimmung bringt oder Marietta, die lautstark ihren Cocktail herunterschluckt.

Alle Figuren neigen zu formelhaften Wiederholungen – „It's a strange world" ist etwa die Parole Sandys und Jeffreys -, zu denen auch die Refrains der Popsongs gerechnet werden müssen. Während die Hexe in „Der goldne Topf" ihren Fluch 'Ins Kristall dein Fall!` auf Anselmus schleudert, so sind die Zaubersprüche etwa Franks die Liedtexte der 1950er Jahre.[337] Didi Neidhart wirft dem Einsatz der Musik in „Wild at Heart" und „Lost Highway" zu Unrecht eine allzu eindeutige Bestätigung der Bildinhalte vor. Wenn Alice zum Beispiel davon erzählt, wie sie von Mr. Eddys Gangstern zum Striptease gezwungen wurde, sich ihre Haltung aber in der Rückblende von anfänglicher Beklemmung zu einer lasziven Performance wandelt, könnte der Bann, von dem das Lied „I Put A Spell On You" gleichzeitig erzählt, nicht nur von Eddy auf Alice übertragen werden, wie Neidhart meint.[338] Ebenso könnte Alice Eddy in ihren Bann ziehen, der sie immerhin später von einer Pornodarstellerin zu seiner eifersüchtig bewachten Geliebten macht und bald geschickt und zielsicher von ihr hintergangen wird. Der Song, der Neidhart zufolge auf den männlichen Blickwinkel festgelegt sein soll,[339] ist dies in Wirklichkeit ebenso wenig, wie die Kamera auf einen bestimmten Blickwinkel festgelegt ist.

---

334 Vgl. Koll, Gerald: Say: 'Fuck me!` Invitation to Love. S.173-174.

335 Vgl. Duerr, Hans Peter: Obszönität und Gewalt. Der Mythos vom Zivilisationsprozeß. Band 3. Frankfurt am Main 1993. S.242-258.

336 Koll, Gerald: Say 'Fuck me!` Invitation to Love. S.175.

337 Vgl. Neidhart, Didi: From Blue Velvet Underground to Wild Mainstream. In: 'A Strange World`. S.306-307.

338 Vgl. Ebd. S.313-314.

339 Vgl. Ebd. S.314.

An der Verwendung des Begriffes ´fuck` hingegen scheidet sich in Lynchs Filmen erkennbar Schuld von Unschuld. Bobby ist vor allem daran gelegen, Lula "Fuck me!" sagen zu hören. Diese wird erst erwachsen, als sie unter Verwendung des Tabu-Wortes ihr Gegenüber selbst zu objektivieren droht: „Mama, if you get in the way of me and Sailor's happiness, I`ll fucking pull your arms out by the roots!"
Um den eigenen Einfluss über die Grenze des eigenen Körpers auszudehnen, werden nicht nur Blicke, Flüche und Geschlechtsteile eingesetzt. Die Figuren markieren ihre Reviere auch durch Abjekte.

> „Abjekte sind beispielsweise Erbrochenes, Exkremente, die Menstruation [...] – das vom Körper Ausgeschiedene. Das Unheimliche am Abjekt ist, daß es kein Objekt ist, denn das könnte man noch als ein anderes, vom Selbst unterschiedenes erkennen. Das Abjekt verweist auf mangelhafte Abgrenzung"[340].

Das erste, was sie tun, nachdem Jeffrey und Bobby in das Apartment Dorothys, bzw. die Absteige Lulas und Sailors eingedrungen sind, ist, urinierend ihr Revier zu markieren. Lulas noch ungeborenes Kind kündigt sich im Raum durch Lulas Erbrochenes an, über dessen eingetrockneter Lache bald Fliegen schwirren. Freilich bedeutet die angestrebte Okkupation eines Raumes durch eine Persönlichkeit, dass sich die Persönlichkeit auch durch dieses Revier konstituiert. So teilen die Figuren Objekte in Bier- („Blue Velvet"), Zigaretten- („Wild at Heart") und Automarken („Lost Highway") ein, definieren sich damit aber auch über dasjenige Label, für das sie sich ausschließlich begeistern können. Der eigentümliche Ernst, mit dem sie wie Werbeträger dafür einstehen, erscheint in einer Zeit, in der Kinder für Markenkleidung Verbrechen verüben, nicht einmal mehr so eigentümlich, wie er in den 1980er Jahren noch gewirkt haben mag.
Der Reflex, eine Vereinigung mit dem Reizobjekt zu erstreben, reduziert die Menschen auf atavistische Triebe. So wie Anselmus durch die Liebe zu Olimpia selbst zur Marionette oder Medardus zur Schachfigur des Vatikans wird, werden auch die Helden und Anti-Helden Lynchs zu Puppen, Maschinen oder Tieren: Frank erscheint Jeffrey in einem Alptraum von der Vergewaltigung Dorothys. Franks Schreie sind dabei auf der Tonspur verlangsamt und elektronisch verzerrt, so dass sie sowohl an maschinelles Dröhnen als auch an Tiergebrüll erinnern.

> „Die Kritik hat stets auf die ungewöhnlichen und schwer definierbaren Geräusche auf Lynchs Tonspur hingewiesen. Sie wurden als bedrohlich und sublim, als archetypisch und verfremdend bezeichnet. [...] Die Tonspur mit ihren summenden, brummenden, pochenden, klopfenden, murmelnden und dröhnenden Geräuschen läßt sich vielmehr zumeist gerade nicht einfach einem Bild zuordnen."[341]

340 Jerslev, Anne: David Lynch. S.36.
341 Füller, Ralfdieter: Fiktion und Antifiktion. S.97.

Das heißt, die Töne haben keine erkennbaren intradiegetischen Tonquellen, aber immer, wenn sie zu vernehmen sind, ist auch auf der Bildebene schreckliches zu erwarten. „Lynch schreckt in der Tat nicht davor zurück, dem Zuschauer über die Lautstärke seiner Filme Gewalt anzutun."[342] Das Dröhnen ist noch eine dumpfe Klangkulisse in Dorothys Apartment und der Wohnung der Madisons, es überlagert schließlich alle anderen Geräusche, wenn die Käfer in „Blue Velvet" und die Hyänen in „Wild at Heart" sich um das Aas streiten, und wenn die Killermeute sich über Johnnie Farragut oder die Pornodarsteller in „Lost Highway" sich über einander hermachen und es dominiert natürlich in Franks Refugium, einem sexualisiert dargestellten Fabrikgelände auf- und niederstoßender Kolben. Maschine und Natur sind kein Gegensatz mehr, beide gefährden das Selbstbewusstsein des Homo Sapiens, das sich von einem autonomen Geist oder einer göttlichen Seele herleitet. Die entmenschlichende Rückwirkung der Reizobjekte auf ihre Jäger wird bildlich durch die Strumpfmasken veranschaulicht, die Sailor und Bobby sich überstreifen, um das Geld zu erbeuten. Noch prägnanter ist aber eine Sequenz, die genau in der Mitte von „Wild at Heart" liegt und in der Sailor und Lula die Opfer eines Autounfalls finden, die sich durch über die Straße verstreute Wäsche ankündigen.

> „Der verzweifelte Ruf des [sterbenden] Mädchens, daß Lula und Sailor ihr helfen müssten, die Brieftasche mit den (Kredit-)Karten zu finden, macht in diesem entscheidenden Augenblick klar, was den Menschen heute Identität verleiht."[343]

Als das Mädchen an seiner Kopfwunde stirbt, sind seine letzten Worte: „Get my lipstick!" Wie Anselmus in „Der Sandmann" sterben die Figuren von Lynchs Filmen meist mit zerschmettertem oder zumindest eingeschlagenem Kopf: Detective Gordon, Frank Booth, Johnnie Farragut, Bobby Ray Lemon, Bobby Peru, Dick Laurent und Andy, bei dessen Tod ein Objekt einen wortwörtlich einschneidenden Einfluss auf den Sitz der Subjektivität nimmt, indem Andys Stirn durch eine Tischkante geteilt wird.

> „Während im klassischen Western oder auch im Vampirfilm stets das Herz Ziel des tödlichen Schusses oder Stiches war, man also hier die lebenserhaltende Kraft vermuten dürfte, wandelt sich dieses Bild seit den späten Sechzigern. Explizit gemacht wird dies z.B. in THE NIGHT OF THE LIVING DEAD [...], in dem ausdrücklich die [...] Regel aufgestellt wird, daß die Untoten nur durch einen Schuß in den Kopf umzubringen seien. In zunehmendem Maße scheint in der Folge die Zerstörung des Gehirns die einzige Möglichkeit des Todes für derlei Übeltäter zu sein."[344]

Anhand dieser Beobachtung Bährs ließe sich fragen, inwiefern diese Veränderung in der Vietnam-Allegorie „Die Nacht der lebenden Toten" eine Reaktion auf jene

342 Ebd. S.98.

343 Jerslev, Anne: David Lynch. S.167.

344 Bähr, Ulrich: 'Dealing with the human form.` S.183-184.

Aufsehen erregende Photographie gewesen sein könnte, auf der ein südvietnamesischer Soldat einen Gefangenen in den Kopf schießt. In „Wild at Heart“ werden, wie oben bereits erwähnt, sowohl der Zombiefilm als auch die Kriegsverbrechen von Vietnam zitiert. In einem allgemeineren Sinn meint die Zerstörung des Gehirns aber vor allem die Zerstörung des Bewusstseins unter den Belastungen der Objektwelt. Fred Madison wälzt sich im Moment der Verwandlung mit aufgeplatztem Schädel in einer placentaartigen Pfütze auf dem Boden, woraufhin eine Kamerafahrt durch die zerrissene Stirn ins Innere des Kopfes hineinführt: Freds ´Wiedergeburt` als Pete ist eine Kopfgeburt.
Gibt es aber auch, wie in Hoffmanns Erzählungen, Mittel, mithilfe derer man sich in der Objektwelt einrichten könnte?
Drogen sind bei Lynch eindeutig negativ besetzt: Die Schurken in „Blue Velvet“ und „Wild at Heart“ sind Drogendealer und –konsumenten, auch die Gangster in „Lost Highway“ handeln mit enthemmenden (Sex-)Drogen, den Pornofilmen.
Auch die Kunst bietet keinen Ausweg, zumal sich die Figuren ausschließlich als ´ausführende Künstler`, als Musiker und Sänger betätigen. Damit ´prostituieren` sie sich letzten Endes ebenso wie Alice als Pornoaktrice: Sie werden zu Gefäßen fremder Texte und Stimmen wie Bob in „Blue Velvet“ oder werden von Fans als Stalkern verfolgt wie Dorothy im selben Film. Selbst Freds Free Jazz und die Tänze Sailors und Lulas, die alles andere als Formtänze sind, bringen keine Befreiung, vielmehr scheinen sich Musiker wie Zuhörer umso mehr in ihre verhängnisvollen Leidenschaften zu steigern. Allenfalls der Mystery Man scheint als ´Dokumentarfilmer` eine erhöhte Position einzunehmen, symbolisiert aber eher das schlechte Gewissen Freds und Dick Laurents.
Die Figuren entbehren auch jeden authentischen Humors: Die Schurken schöpfen zwar lebhafte Freude aus ihrem Sadismus, sind aber unfähig zur Selbstironie, die Helden sind völlig witzlos. Lahme Albereien wie Jeffreys „Chicken Walk“ verstärken diesen Eindruck noch.
Nur die Filme selbst lassen sich als geglückte Verarbeitungen der Dissoziation mit den Mitteln selbstironischer Kunst lesen. Heute wäre allerdings nicht mehr von romantischer Ironie die Rede, sondern von postmodernem Film.[345] Aber damit befindet sich die Analyse bereits auf den Ebenen von Genese und Rezeption.
Zurück ´in die Filme`: Den Paaren Jeffrey und Sandy, sowie Sailor und Lula scheint es letztlich doch zu gelingen, ihre selbstzerstörerischen Tendenzen zu überwinden und das zu begründen, woran die Figuren E.T.A. Hoffmanns im Diesseits stets scheitern: Eine neue Familie. Jeffrey und Sandy zeugen zwar noch kein Kind, doch sein Habitus und seine Kleidung geben zu erkennen, dass Jeffrey als Familienvorstand anstelle seines Vaters tritt, nachdem er bereits Dorothy und ihren Sohn vom bösen Stiefvater Frank erlöst hat. Gleichsam emanzipiert sich Lula von Marietta, um selbst an Sailors Seite die Mutterrolle einzunehmen. Um Frank bzw.

345 Vgl. Seeßlen, Georg: David Lynch und seine Filme. S.123-135./ Füller, Ralfdieter: Fiktion und Antifiktion. S.249.

Marietta zu zerstören, müssen beide soweit erwachsen werden, dass sie sich einige dominante Verhaltensweisen ihrer Gegner aneignen. Lula zieht diese Lehre, wie bereits an anderer Stelle in dieser Arbeit erläutert, nach ihrer Demütigung durch Bobby, durch den Gebrauch des Four-Letter-Words und einer drastischen Drohung. Auch Jeffrey beginnt erst nach seiner Misshandlung durch Frank, dominant gegenüber seiner Mutter und seiner Tante aufzutreten, denen gegenüber er zuvor noch Rechtschaffenheit darüber ablegen musste, in welche Richtung er das Haus verließ. Von Jeffreys „Aunt Barbara… I love you but you're gonna get it" ist es nicht mehr allzu weit bis zu Franks „Shut the fuck up!"

Werner Faulstich schloss aus der Nähe Jeffreys zu Frank: „Der eigentlich Böse, der eigentlich Perverse, das eigentliche Monster ist gar nicht Frank, der an sich leidet, sondern Jeffrey, der sich für normal hält und sich am Schluß des Films der verlogenen Harmonieideologie des Kleinbürgertums rückhaltlos unterworfen hat."[346] Doch Jeffrey erkennt seine Abgründe sehr wohl und leidet auch daran, so verfällt er bei der Erinnerung an seine Schläge in Dorothys Gesicht in einen Weinkrampf. Anders als Frank, der den Versuchungen nicht widerstehen kann, zieht Jeffrey aber aus dieser Erkenntnis eine Konsequenz und zieht sich hinter seinen Gartenzaun zurück, nun allerdings in schwarz bepunktetem Hemd und Sonnenbrille: „Jeffrey kehrt nicht unverändert in die Idylle zurück, sondern er weiß nun um deren dunkle Seiten, auch um die dunklen Seiten in sich, lokalisiert die Ursachen dieser dunklen Seiten […] nicht in den gesellschaftlichen Verhältnissen, in denen er lebt, sondern erst einmal im Menschsein selbst."[347]

Anstatt infantil weiterhin auf die Erfüllung der eigenen Bedürfnisse zu drängen, werden Jeffrey und Sandy, Sailor und Lula zu Versorgern. Ihre körperliche Liebe ist, anders als in Hoffmanns Werken, nicht mehr per se negativ, solange sie erstens durch eine geistige Verbundenheit ´überdacht` wird und zweitens fruchtbar ist. Dadurch grenzen sie sich von den sadomasochistischen Paaren ab: Frank & Dorothy, Marcellus & Marietta, Reggie & Juana, Bobby & Perdita, Fred & Renee, Alice & Pete, Eddy & Alice. Bestätigen Lynchs Filme somit also doch den patriarchalischen Wertkonservativismus, wie Petra Grimm[348] und Werner Barg[349] meinten?

Nein.

Denn nicht nur, dass die (allerdings kinderlosen) Madisons das Versagen der Institution Ehe vorführen. Die Happy Endings von „Blue Velvet" und „Wild at

---

346 Faulstich, Werner: Auf dem Weg zur totalen Mediengesellschaft: Kleiner Überblick über Daten, Zahlen, Trends der 80er Jahre mit Exkursen zu *Delta der Venus*, *Blue Velvet* und *Alf*. In: Aufbruch in die Neunziger: Idee, Entwicklungen, Perspektiven der achtziger Jahre. Herausgegeben von Christian W. Thomsen. Köln, 1991. S.120.

347 Harbers, Stefan: Amerikanische Gesellschaftsbilder in den Filmen David Lynchs. Oldenburg 1996. S.58-59.

348 Vgl. Grimm, Petra: Erzählstrategien der Gewalt und Sieg der Konvention. In: ´A Strange World`. S.113-122.

349 Vgl. Barg, Werner: Hinter dem roten Vorhang. Notizen zum Kino der Grausamkeit in den Filmen David Lynchs. In: ´A Strange World`. S.250-261.

Heart", die auf der Ebene der *Story* (der *Histoire*) der bürgerlichen Weltsicht Recht zu geben scheinen, sind auf der Ebene des *Plots* (des *Discours*) höchst irreal in Szene gesetzt. Das Rotkehlchen, das in „Blue Velvet" als Sandys Hoffnungsträger mit den Käfern ´aufräumt`, ist eine erkennbar künstliche Nachbildung mit ruckhafter Mechanik.[350] Da der Film für die Darstellung der neu begründeten Idylle auf die überscharfen, sozusagen ´surrealen` Zeitlupen-Einstellungen des Anfangs zurückgreift, scheint ein erneuter Störfall nur eine Frage der Zeit, vielleicht der Generation zu sein. Folgerichtig ist die letzte Zeile des Films Roy Orbisons „...and I still can see blue velvet through my tears."

Auch die gute Hexe des Nordens in „Wild at Heart" mit ihrer - wie heliumgetränkten - Kristallstimme ist allzu deutlich als Dea ex Machina zu erkennen. Die Aura, die sie umgibt, lässt eine Seifenblase assoziieren. Ob sich Sailor wirklich seiner Verantwortung stellen wird, ist fraglich, schon weil er immer noch seine Schlangenlederjacke trägt, „a symbol of my individuality and belief in personal freedom". Weitere Häutungen bleiben also möglich. Und als „Sailor und Lula auf der Motorhaube von Lulas Wagen stehend wieder zueinander finden, werden beide von ihrem Sohn Pace [...] durch die Windschutzscheibe beobachtet. Nach allem, was man über *Lynchville* weiß, ist es zumindest möglich, daß sich hier bereits das nächste ödipale Familiendrama anbahnt, daß der nächste Voyeur bereits geboren ist..."[351]

Jonathan Rosenbaum und J. Hoberman behaupteten, Lynchs Filme seien unkritische Produkte der Ära Reagan.

„Hoberman:	...Lynch ähnelt Reagan auch in seiner unglaublichen Sehnsucht nach den verklärten fünfziger Jahren. [...] Und Lynch liefert ein scheinbares Gegengift gegen Spielbergs Weltsicht...
Rosenbaum:	´Scheinbar` ist wichtig: Sie leben beide von Nostalgie.
Hoberman:	Und sie sind beide gleich unkritisch."[352]

Lynchs Filme formulieren aber durchaus keine Zeitkritik aus der rechten Ecke, vielmehr wird die Idealisierung der ´heilen` 50er Jahre immer wieder als nostalgischer Kitsch entlarvt, als Hollywood-Mythos, dessen Träger, seine Sänger und Darsteller, an dieser Lüge zugrunde gehen. Das bürgerliche Familienidyll wird hier als ebenso irreal inszeniert wie das Paradies auf Erden bei E.T.A. Hoffmann. Andererseits sind die Filme aber auch nicht auf progressive Weise kulturkritisch, denn sie zeigen keine funktionierenden Gegenrezepte auf: „Antifiktionalität gibt dem Menschen, der ja letztlich immer *in* der Welt und *im* Sozialen lebt, weder Gewis-

350 Eine Reminiszenz an die mechanischen Eulen, welche die Hexe in dem Film „Das zauberhafte Land" als Spione einsetzt.

351 Füller, Ralfdieter: Fiktion und Antifiktion. S.168.

352 Hoberman, J. und Jonathan Rosenbaum: Midnight Movies. New York 1991. Übersetzung von: Robert Fischer. In: David Lynch. S.215.

sheit, noch hilft sie ihm, praktikable Alternativen zum Bestehenden zu entwerfen."[353]
Es heißt „It's a strange world", nicht „a strange time" oder „a strange system".

d) Vergleichende Zwischenbetrachtung

Die Handlungen von „Der goldne Topf", „Die Elixiere des Teufels" und „Der Sandmann" sind zum einen in Berichten von Ich-Erzählern über deren Erlebnisse wiedergegeben. Diese Berichte zeichnen sich dadurch aus, dass erzählendes und erzähltes Ich mitunter verschwimmen. Zum anderen setzen sich die Handlungen aus Passagen zusammen, die von Autorenfiguren verfasst wurden. Letztere sind nicht allwissend, sondern behaupten, ihre Informationen von den „Hinterbliebenen" der Helden bezogen zu haben. In diesem Zusammenhang werden sie selbst zu Ich-Erzählern, die über eigene Erlebnisse berichten. Vorübergehend geben sie aber auch mittels personaler Erzählweise (bzw. direkter Anrede) vor, sich in die Perspektiven erzählter Figuren (bzw. des Lesers) versetzen zu können.
Eine zuverlässige Erzählinstanz gibt es dort ebenso wenig wie in den Filmen David Lynchs, die zwischen einer personalen und einer nicht-personalen, aber ebenso unverbindlichen und multiperspektivischen Darstellung wechseln. In den Werken beider Künstler wird der apollinische Vorgang der Persönlichkeitsbildung nicht positiv bewertet, sondern bedeutet die Dissoziation eines dionysischen Urzustandes, in die man sich bestenfalls noch demütig fügen kann. Die dazu nötige Bewusstseinsreife lässt sich nur in einem Zustand geistiger Verinnerlichung bzw. spiritueller Öffnung erreichen. Katastrophal enden in jedem Fall alle Versuche, die Dissoziation rückgängig zu machen: „…war es mir auch, als könne das, was wir insgeheim Traum und Einbildung nennen, wohl die symbolische Erkenntnis des geheimen Fadens sein, der sich durch unser Leben zieht, es festknüpfend in allen seinen Bedingungen, als sei *der* aber für verloren zu achten, der mit jener Erkenntnis die Kraft gewonnen glaubt, jenen Faden gewaltsam zu zerreißen, und es aufzunehmen, mit der dunklen Macht, die über uns gebietet."[354]
Körperliche Extremitäten, Äußerungen und Flüssigkeiten erweisen sich als untauglich, um die Bruchstellen zwischen den Teilen der Wirklichkeit zu kitten; je drängender der Reiz für das Subjekt ist, desto größer fällt die Frustration durch das Objekt aus, bis entweder Subjekt oder Objekt, oder beide auch physisch zerlegt werden, also die ultimative Objektivierung und Dissoziation erfahren. Frauen erscheinen bei Lynch als besonders gefährdet, aber wohl deswegen auch als anpassungsfähiger, denn sie erleben meist das Ende des Films. Auch „bei Hoffmann kulminiert im weiblichen Wesen das mechanisch-zeremonielle Gehabe der bürgerlichen Gesellschaft."[355] Sowohl in Hoffmanns Erzählungen als auch in Lynchs

353 Füller, Ralfdieter: Fiktion und Antifiktion. S.249.

354 Die Elixiere des Teufels. S.4-5.

355 Sauer, Lieselotte: Marionetten, Maschinen, Automaten. Der künstliche Mensch in der

Filmen sind aber grundsätzlich beide Geschlechter dazu in der Lage, bzw. verdammt, zu objektivieren und objektiviert zu werden.
Die Erzählungen behaupten, den Glaubensakt einer Verdrängung aller körperlichen Bedürfnisse zu postulieren, stellen dieselbe tatsächlich aber nicht nur als Ideal, sondern auch als irreal dar. Gleichsam verhält es sich in den Filmen mit dem Ideal des bürgerlichen Familienmodells, dessen Umsetzbarkeit zweifelhaft wirkt. Während jedoch in den Erzählungen die Fähigkeit zur romantischen Ironie zwar nicht als Ausweg, aber als souveräner Standpunkt aufscheint, so geben die Filme keine Empfehlung ab, wie man der Welt gegenüber eine konstruktive Haltung einnehmen könnte. Nicht nur inhaltlich, auch formal werfen „Blue Velvet", „Wild at Heart" und „Lost Highway" ihr Publikum darauf zurück, eine eigene, distanzierte Perspektive einnehmen zu müssen. Das Medium Film wirkt zwar in der Perzeption dominanter als die Literatur, muss aber keineswegs die Apperzeption auf eine vorgefasste Aussage festlegen. Weder kann der Film jemals das Bewusstsein des Zuschauers beherrschen, noch tritt dieser rückhaltlos in die Welt des Films ein. Diese Distanz zwischen Kunstwerk und Rezipient mag mitunter bedauerlich, mitunter erleichternd sein, entspricht in jedem Fall aber dem Weltbild, das von den hier behandelten Texten und Filmen vermittelt wird.
Auch wenn „Blue Velvet", „Wild at Heart" und „Lost Highway" ihre Fiktionalität fortwährend thematisieren, wird selbst der effektvollste Moment eines weit illusionistischeren Filmes diese Distanz nie soweit aufheben können, dass jener dubiose dionysische Zustand der intersubjektiven Wahrnehmung, des kosmisch-kollektiven Bewusstseins erreichbar wäre. Denn die Form unserer sinnlichen Wahrnehmung bleibt zwangsläufig linear. Ihr Prinzip ist der Kontrast als Ergebnis eines Vergleichs. So heißt es bei Edmund Husserl: „Es ist also ein allgemeines Gesetz, daß an jede gegebene Vorstellung sich von Natur aus eine kontinuierliche Reihe von Vorstellungen anknüpft, wovon jede den Inhalt der vorhergehenden reproduziert, aber so, daß sie der neuen stets das Moment der Vergangenheit anheftet."[356]
Oder, noch prägnanter bei Victor von Weizsäcker: „…die Gestalt einer Bewegung (der 'Weg') ist Simultanrepräsentierung successiver Vergangenheiten – ist eigentlich ein Akt der Erinnerung."[357] Als Kombination des Erinnerten in immer neuen Variationen folgt die Wahrnehmung und mit ihr die Bewusstseinsbildung also dem Prinzip der selbstähnlichen Reproduktion. Die Struktur der Subjektivität wäre damit ebenso spiralförmig wie jene der Werke Hoffmanns und Lynchs.

---

deutschen und englischen Romantik. Bonn 1983. S.236.

356 Husserl, Edmund: Husserliana X. Zur Phänomenologie des inneren Zeitbewusstseins. Herausgegeben von Rudolf Boehm. Den Haag. 1969. S.11.

357 Weizsäcker, Victor von: Die Gestalt. Halle; Saale 1942. S.25.

III. Interpretationsmodelle

1. Der tiefenpsychologische Deutungsansatz

Nachdem obig die Gemeinsamkeiten der Vergleichsgegenstände festgestellt wurden, soll nun der Frage nachgegangen werden, ob sich diese auf ein gemein-sames Muster zurückführen lassen, das der Sichtweise einer bestimmten Wissenschaftstheorie entspricht.
Die zwei bisher erschienenen Arbeiten, die Hoffmann und Lynch in Bezug zueinander setzten, ein Artikel Alice A. Kuzniars[358] und Passagen eines Buches von Anne Jerslev[359], beriefen sich auf Sigmund Freuds Theorie über „Das Unheimliche"[360] als basalen Text. Nun ist der psychologische Zugang immer dann problematisch, sobald fiktionalen Charakteren ein unterbewusstes Eigenleben unterstellt wird, die doch „überhaupt nicht fähig [sind] etwas anderes zu tun, als eine Problematik personifizierend aufzuzeigen."[361] Derartig verfahren zum Beispiel Daniela Langer und Helga Bechmann, wenn sie den Figuren aus Lynchs Filmen anhand deren Handeln medizinische Diagnosen stellen. Demnach soll der ständig fluchende Fetischist Frank Booth am Tourette-Syndrom leiden[362], während Freds Verwandlung in Pete Dayton [...] nichts anderes als eine echte [das heißt rein medizinisch erklärbare] dissoziative Identitätsstörung"[363] sei. Auch wenn sich David Lynch oder seine Schauspieler bei der Kreation dieser Figuren an psychiatrischen Fällen orientiert haben könnten, treffen die Filme keine Aussagen darüber, ob eine rationale, pathologische Lösung zutreffend wäre. Wie in den Erzählungen Hoffmanns ist eine solche weder veri-, noch falsifizierbar. Stattdessen bringen die Werke zum Ausdruck, dass es im Auge des Betrachters liegt, ob die Phänomene auf eine psychische oder eine spirituelle Quelle zurückgeführt werden. Die Perspektive des ´wahnsinnigen` Außenseiters wird nicht als krankhaft denunziert, sondern ebenso Ernst genommen bzw. ebenso in Frage gestellt wie jene der Gesellschaft. „Die Transzendenz des Deliriums"[364] wird nicht negiert; Visionen können wie in der aufgeklärten Lesart Sinnestäuschungen sein, sie mögen aber auch, gemäß der

---

358 Vgl. Kuzniar, Alice A: ´Ears Looking at You: E. T. A. Hoffmann's The Sandman and David Lynch's Blue Velvet. In: South Atlantic Review. S. 7 – 21.

359 Vgl. Jerslev, Anne: David Lynch. Mentale Landschaften. S. 30–34 u. S. 45.

360 Vgl. Freud, Sigmund: Das Unheimliche (1919). In: Sigmund Freud. Studienausgabe. Band IV: Psychologische Schriften. Herausgegeben von Alexander Mitscherlich, Angela Richards und James Strachey. Frankfurt am Main 1970. S. 241 – 274.

361 Graevenitz, Gerhart von: Die Setzung des Subjekts. Untersuchungen zur Romantheorie. Tübingen 1973. S.133.

362 Vgl. Bechmann, Helga: Der Körper: Kontrolle und Kontrollverlust. S.153.

363 Langer, Daniela: Die Wahrheit des Wahnsinns. S.88.

364 Vgl. Foucault, Michel: Wahnsinn und Gesellschaft. Eine Geschichte des Wahns im Zeitalter der Vernunft. Frankfurt am Main 1973. Aus dem Französischen von Ulrich Köppen. S.206-254.

christlichen Auffassung des europäischen Mittelalters, himmlische Erleuchtung oder dämonische Besessenheit bedeuten. Hoffmanns und Lynchs Werke üben Kritik am Absolutheitsanspruch der Naturwissenschaften und an der Entwertung, Klassifizierung und Internierung von Psychopathen, die zur Selbstdefinition und -aufwertung des aufgeklärten Bürgertums nutzbar gemacht wird:

> „Von der Objektivität, die wir den Formen der Geisteskrankheit zuerkennen, glauben wir leicht, daß sie als schließlich befreite Wahrheit unserem Wissen angeboten wird. Tatsächlich wird sie nur demjenigen gegeben, der davor bewahrt bleibt. Die Erkenntnis des Wahnsinns setzt bei demjenigen, der sie besitzt, eine bestimmte Art voraus, sich vom Wahnsinn freizumachen, sich von vornherein von seinen Gefahren und von seinem Zauber zu lösen, worin eine bestimmte Art, nicht irre zu sein, zu sehen ist. Das historische Auftauchen des psychiatrischen Positivismus ist mit der Entwicklung der Erkenntnis nur auf sekundäre Weise verbunden. Ursprünglich liegt darin die Fixierung einer besonderen Art, nicht wahnsinnig zu sein: ein bestimmtes Bewußtsein des Nicht-Wahnsinns, das für den Gegenstand der Gelehrsamkeit zur konkreten Situation, zur soliden Basis wird, von der ausgehend es möglich ist, den Wahnsinn zu erkennen."[365]

Wie aus den bisherigen Ausführungen dieser Arbeit ersichtlich, sind weder die Werke Hoffmanns so romantisch, noch die Lynchs so nostalgisch, dass die Errungenschaften des gesellschaftlichen Fortschritts für nichtig erklärt würden. Die reaktionäre Tendenz ins „goldene Zeitalter" wird als utopisch entlarvt, aber der Gegenwart wird dieselbe skeptische Ironie zuteil, denn:

> „Der verengte Begriff geistiger Gesundheit und Normalität läßt in der Verbindung mit staatlicher Macht das Netz der allgemeinen Normalitätskontrolle engmaschiger werden. Indem das Besserungs- und Heilungsmotiv das Strafmotiv zu überlagern beginnt, gerät das abweichende, regelverletzende Verhalten in den Bannkreis einer neuen 'Machttechnologie': Therapeutisierung und schließlich Psychiatrisierung. Hier opponiert Hoffmann: als Jurist, indem er Verantwortlichkeit und Straffähigkeit extensiv auslegt; als Schriftsteller, indem er uns das Gewöhnliche des Ungewöhnlichen, das Normale des Abgründigen und das Natürliche des Wahns vorführt."[366]

Die Psychologin Aniela Jaffé kritisierte an „Der goldne Topf" daher, dass die Erzählung keine ernstzunehmenden (das heißt von ihrer Warte aus: psychoanalytischen) Perspektiven zur Bewältigung der Probleme des Unbewussten aufzeige.[367] Ein solcher Vorwurf missachtet die Freiheit der Kunst und bezieht seinen „Maßstab nicht aus dem literarischen Bereich, sondern aus der therapeutischen

---

365 Ebd. S.480.

366 Safranski, Rüdiger: E.T.A. Hoffmann. S.434-435.

367 Jaffé, Aniela: Bilder und Symbole aus E.T.A. Hoffmanns Märchen Der Goldne Topf. In: Gestaltungen des Unbewußten. Psychologische Abhandlungen. Band VII. Zürich 1967. S.239-616. Vgl. insbesondere S. 463.

Praxis..."[368] Auch Lynchs Filme sollen definitiv keine realistischen Studien von Einzelfällen darstellen.

> „Nur Verkennung sieht die Psychoanalyse wieder Ursachen oder Referenten in die Literaturwissenschaft einzuführen. [...] ...eine Psychopathographie ihrer Autoren [würde] den Nachweis gerade verunmöglichen, daß diese Gesetze nicht nur in kranken Ausnahmefällen, sondern als die Universalpragmatik einer jeden Rede gelten."[369]

Wo eine Analyse der Autorenpersönlichkeit noch im Interesse einer geneseanalytischen Literaturwissenschaft berechtigt sein kann, würde eine Psychopathographie fiktiver Figuren die Frage vernachlässigen, warum ein Kunstwerk über die Bedeutung eines noch so spektakulären medizinischen Einzelfalls hinausgeht.
Daher sollte stattdessen mithilfe des tiefenpsychologischen Ansatzes untersucht werden, ob ein der menschlichen Psyche allgemein zugrunde liegendes Prinzip geeignet ist, um ein Werk oder verschiedene Werke auf eine abstrakte Formel zu bringen. In diesem Sinne gelten die Untersuchungen von Kuzniar und Jerslev der Frage, inwiefern Freuds Thesen über „Das Unheimliche" zur Erklärung der Gemeinsamkeiten zwischen „Der Sandmann" und „Blue Velvet" beitragen kann.
Freud zufolge entsteht die unheimliche Wirkung der „Sandmann"-Erzählung durch die Wiederkehr von Trieben, die während der Herausbildung der Persönlichkeit ins Unbewusste verdrängt wurden.[370] So symbolisiere die Furcht Nathanaels, der Sandmann könne ihm die Augen ausreißen, die Furcht vor der Kastration durch den Vater. Das Kind Nathanael habe seine ambivalenten Empfindungen aufgeteilt in positive gegenüber dem leiblichen Vater sowie in Konkurrenzgefühle, die er auf die böse Vaterfigur Coppelius projiziert habe. Aufgrund der ungelösten Fixierung auf den Vater wirkten sich die negativen Gefühle, wiedergekehrt in dem Optiker Coppola, daher störend auf die Liebesbeziehungen des erwachsenen Nathanael aus.
Kuzniar betrachtete die Passage, in der Nathanael Coppelius und seinen Vater heimlich bei der alchemistischen Herstellung von Homunkuli beobachtet, als eine Verschlüsselung der Urszene, in der das Kind Zeuge des elterlichen Beischlafs wird (zu derselben Interpretation kam übrigens auch Karin Preuß in ihrem Vergleich der Werke Hoffmanns und Mary Shelleys[371]). Ebenso sei, laut Kuzniar, die Filmsequenz von „Blue Velvet" zu verstehen, in der Jeffrey die Vergewaltigung Dorothys durch Frank aus dem Kleiderschrank mit ansieht. Frank würde demnach als böser, konkurrierender Vater die positive Vaterfigur ersetzen – da Mr. Beaumont hilflos

368 Reh, Albert M.: Literatur und Psychologie. Berlin 1998. S.208.

369 Kittler, Friedrich A.: 'Das Phantom unseres Ichs' und die Literaturpsychologie: E.T.A. Hoffmann – Freud – Lacan. In: Urszenen. Literaturwissenschaft als Diskursanaylse und Diskurskritik. Herausgegeben von Friedrich A. Kittler und Horst Turk. Frankfurt am Main 1977. S. 144-145.

370 Vgl. Freud, Sigmund: Das Unheimliche. S.250-257.

371 Vgl. Preuß, Karin: The Question of Madness in the Works of E.T.A. Hoffmann and Mary Shelley. S.76-85.

im Krankenhaus liegt – und Jeffrey durch Kastration bedrohen, hat er doch bereits Dorothys Ehemann ein Ohr mit der Schere abgeschnitten: „Yet the most suggestive echo from *The Sandman* is *Blue Velvet's* severed ear that takes the place of Nathanael's bloody eyes as the dislocated phallus."[372]
Kuzniar wie Jerslev[373] meinen des Weiteren, dass in „Der Sandmann" Voyeurismus und Fetischismus die infantile Stufe markieren, auf der Nathanael bzw. Frank und vorerst Jeffrey verharrten, weil sie die Sexualbeziehung ihrer Eltern nicht verarbeitet hätten: „Frank's helium mask recalls Coppola's eyeglasses and telescopes as facial appendages that induce psychotic behaviour. Another ocular motif is the curtain, evoked in the undulating folds of blue velvet that frame the film during the opening and closing credits."
Entgegen dieser Interpretationen lässt sich aber ein ödipales Konkurrenzdenken Nathanaels oder Jeffreys gegenüber ihren Vätern anhand der Werke nicht beweisen. Der Tod bzw. der Schlaganfall des Vaters scheinen vielmehr von beiden ausschließlich als quälende Verunsicherungen erfahren zu werden. Nathanael wird nicht Zeuge des Sexualaktes seiner Eltern, sondern der im weiteren Sinne Impotenz seines Vaters gegenüber dessen Vorgesetztem; der Vorgang, dessen Zeuge Jeffrey wird, ist weit komplexer, als es eine Parallele des elterlichen Koitus wäre, statt dessen beobachtet er ein inzestuöses Rollenspiel, in dem Frank gegenüber Dorothy die Rolle eines Vaters und die eines Kindes einnimmt, nicht aber die des Ehegatten. Frank seinerseits schreit zwar vor dem Orgasmus: „Daddy's coming home!" Wollte man aber über ein fiktives Kindheitstrauma spekulieren, wären die verschiedensten Deutungen dieses Satzes möglich: Sexualneid auf den Vater ebenso wie Missbrauch durch den Vater, durch die Mutter usw. Mit Sicherheit sagen lässt sich nur, dass Frank im Sexualakt eine Verschmelzung der Familie simuliert und Jeffrey davon auf morbide Weise fasziniert und abgestoßen zugleich ist.
Coppelius führt das Auseinanderbrechen einer idyllischen Familieneinheit herbei. Frank führt Jeffrey, dessen Familie soeben auseinander gebrochen ist, seinen Weg vor Augen, eine Pseudo-Familie zusammen zu zwingen, indem er Dorothys Mann und Sohn entführt und beide Stellen zugleich ausfüllen möchte. Für Jeffrey ist diese Möglichkeit offenbar zunächst verführerisch genug, um Franks Rolle auszuprobieren, bis er sie endgültig in ihrer Perversität und Disfunktionalität erkennt. Um eine neue Familieneinheit herzustellen, muss Jeffrey eine eigene begründen und sein Kindheit hinter sich lassen. Eben daran scheitert Nathanael, der in einem infantilen Tobsuchtsanfall Selbstmord begeht.
Das Problem der Figuren Hoffmanns wie Lynchs liegt also in der Schwierigkeit, sich von ihrer Bindung an die Eltern zu lösen. Die Väter werden so schwach gezeichnet, dass sie eben keine ernstzunehmende Konkurrenz für ihre Söhne darstellen: In „Der goldne Topf" tauchen Nathanaels Eltern nicht auf, in „Die

372 Kuzniar, Alice A.: 'Ears Looking at You: E.T.A. Hoffmann's The Sandman and David Lynch's Blue Velvet. S. 10.
373 Vgl. Jerslev, Anne: David Lynch. S.43-45.

Elixiere des Teufels“ hat Medardus seinen Vater nie kennen gelernt, in „Der Sandmann“ ist der Vater der devote Lehrling des Coppelius und kommt durch dessen Schuld oder Mitschuld ums Leben. In „Blue Velvet“ liegt Mr. Beaumont hilf- und sprachlos im Krankenhaus, in „Wild at Heart“ sind Sailors Eltern früh an Lungenkrebs gestorben und Lulas Vater auf Veranlassung ihrer Mutter ermordet worden, in „Lost Highway“ sitzt Petes Vater milde und passiv vor dem Fernseher und verweigert tiefere Gespräche. Da die bürgerliche Gesellschaft, in der sich die Heranwachsenden bewähren müssen, eine patriarchalische ist, „wird das Fehlen eines funktionierenden väterlichen Prinzips als schmerzhafter Mangel erfahren, an dem alle Protagonisten leiden.“[374] Andererseits sind aber auch die Mütter nicht so selbstständig, dass sie ein eigenes, in sich stabiles Weltbild etablieren könnten. Stattdessen nährt Medardus' Stiefmutter in ihm religiöse Auserwähltheitsphantasien, die zwangsläufig mit der kirchlichen Hierarchie kollidieren müssen. Die Mütter in „Blue Velvet“ und „Lost Highway“ sind beinahe sprachlos und Marietta in „Wild at Heart“ ist selbst zwischen repräsentativer Bürgerlichkeit und Unterwelt zerrissen.

> „Der Sandmann besteht aus den widersprüchlichen Worten der Mutter und dem Schweigen des Vaters über Coppelius. Es gibt ihn, weil es keine Metakommunikation der Eltern über ihre Kommunikation gibt.“[375]

Der Verlust von Augen und Ohren steht hier daher nicht für den befürchteten Verlust des Penis durch den Vater. Augen, Ohren und Penis sind vielmehr allesamt Organe, mit denen erfolglos die familiäre Einheit wieder hergestellt werden soll, deren Wahrheit unter den Wahrheiten der Außenwelt brüchig geworden ist. Die noch ungestörte Einheit von Subjekt und Objekt ´genießt` freilich der Fötus im Mutterleib. Diese Symbiose von Mutter und Kind wird nach ihrer physischen Trennung durch die Geburt, als soziale Einheit bei Hoffmann und Lynch nicht durch den abwesenden oder schwachen leiblichen Vater bedroht, sondern erst verspätet, aber dafür umso drastischer durch ein traumatisches Erlebnis. Insofern wären Fortpflanzungs-, Wahrnehmungs- und Sprachorgane eher noch unzulängliche Ersetzungen der Nabelschnur. Dieses Modell würde auch die weiblichen Figuren miteinbeziehen: Lula etwa nabelt sich am Ende des Films erfolgreich von ihrer Mutter ab.

Freud begründet die unheimlichen Effekte in „Der Sandmann“ damit, dass für Nathanael kindliche Ängste und Wünsche in einem Alter plötzlich wieder Gültigkeit beanspruchen, in dem diese längst überwunden sein sollten. Im Moment des Unheimlichen entspricht die Wahrnehmung nicht mehr der Entwicklung des erwachsenen Bewusstseins, sondern droht in das frühere Stadium des Kinderglaubens zurück zu fallen und stellt die im Reifeprozess gewonnenen Erfahrungen

---

374 Füller, Ralfdieter: Fiktion und Antifiktion. S.136.

375 Kittler, Friedrich A.: ´Das Phantom unseres Ichs` und die Literaturpsychologie: E. T. A. Hoffmann – Freud – Lacan. S.157.

in Frage. Der Verdacht etwa, dass es sich bei der eigenen Freundin nicht um einen beseelten Menschen, sondern um eine leblose Puppe handelt, habe für den intellektuell verunsicherten Erwachsenen eine unheimliche Wirkung, während für Kinder eine klare Trennschärfe nicht von Interesse wäre, solange sie in selbstverständlichem Animismus mit ihren Puppen sprächen. Gleichsam erklärt Freud auch die schaurige Wirkung des Doppelgängers in „Die Elixiere des Teufels".

> „Die [...] bei Hoffmann verwendeten Ich-Störungen sind nach dem Muster des Doppelgängermotivs leicht zu beurteilen. Es handelt sich um ein Rückgreifen auf einzelne Phasen in der Entwicklungsgeschichte des Ich-Gefühls, um eine Regression in Zeiten, da das Ich sich noch nicht scharf von der Außenwelt und vom anderen abgegrenzt hatte."[376]

Während Kinder sich oft einen imaginären Begleiter ausdenken, sei die Vorstellung eines Doppelgängers, der womöglich nur in der eigenen Vorstellung existiere, für Erwachsene beängstigend.

> „´Liebe ist Heimweh`, behauptet ein Scherzwort, und wenn der Träumer von einer Örtlichkeit oder Landschaft noch im Träume denkt: Das ist mir bekannt, da war ich schon einmal, so darf die Deutung dafür das Genitale oder den Leib der Mutter einsetzen. Das Unheimliche ist also auch in diesem Fall das ehemals Heimische, Altvertraute. Die Vorsilbe *´un`* an diesem Worte ist aber die Marke der Verdrängung."[377]

Anhand der Erkenntnisse, die sich über die Erzählungen Hoffmanns und die Filme Lynchs gewinnen lassen, bestätigt sich, dass es die Verdrängung durch das Bewusstsein ist, die das Heimliche und Heimische erst unheimlich werden lässt. Unheimlich erscheint für deren Protagonisten nicht die Wiedervereinigung mit dem Heimischen, sondern die Erfahrung der Isolation nach einem erfolglosen Vereinigungsversuch.

Die Wiederkehr des Kinderglaubens muss nicht beängstigend sein, solange sie in einen gesellschaftlich akzeptierten Rahmen eingebettet ist: Betet Medardus zu einer Heiligenikone, hat dieser Animismus nichts Bedrohliches an sich. Der Kinderglaube wird nur dann unheimlich, wenn er zur Ausgrenzung führt, wenn etwa Nathanael fürchten muss, seinen Verstand zu verlieren - in anderen Worten, seine Teilhabe an jener intersubjektiven Betrachtungsweise zu verlieren, auf welche sich die Gesellschaft geeinigt hat. Auch sein Doppelgänger ist für Medardus solange nicht unheimlich, wie er ihn benutzen kann, um in Kontakte zur Gesellschaft, insbesondere zu Frauen zu kommen; verfolgt fühlt er sich erst, als der totgeglaubte Viktorin wieder auftaucht und dadurch die infantile Flucht des Medardus vor seiner persönlichen Verantwortung zu verhindern droht. Unheimlich wird Viktorin also in seiner Funktion als strafendes Über-Ich, aber nicht, solange Medardus durch ihn seine Triebhaftigkeit ausleben kann. Dasselbe gilt für den Mystery Man, der Fred

376 Freud, Sigmund: Das Unheimliche. S.259.
377 Ebd. S.267.

Madison solange nicht stört, solange er Freds Gewalteskalationen unterstützt, anstatt sie ihm als Video vorzuhalten.
Wenn schließlich Nathanael unwissentlich mit einem Automaten Vorlieb nimmt, dann nicht, weil er die Vereinigung mit dem Mutterleib fürchtet, sondern weil ihn die im Gespräch geprobte Vereinigung mit Clara als Objekt der Lächerlichkeit isoliert hat, nachdem er bereits als kleiner Junge durch die körperliche Misshandlung des Coppelius objektiviert wurde. Auch Lula fürchtet sich nicht vor einer Rückkehr in den Mutterleib, sondern erschrickt vor den Erkenntnissen, die sie als heranreifende Frau ihrer Mutter immer mehr entfremden, weil diese der kindlichen Projektion eben nicht entspricht.
Unheimlich gestaltet sich also der Prozess, über den die Figuren zu der Erkenntnis gelangen, dass

1. ihr narzisstischer Kindheitsglaube sie isoliert, wenn sie ihm in der Erwachsenenwelt weiter anhängen, weil
2. ihre regressiven Versuche, sich mit einem Mutterleibersatz zu vereinigen, sie entweder auf ihre Subjektivität zurückwerfen oder objektivieren, sich aber eine Symbiose zwischen Subjekt und Objekt nicht mehr dauerhaft herbeiführen lässt.

Ist dieser Erkenntnisprozess dagegen erst vollzogen, tilgt dies für Anselmus, Veronika, Medardus, Jeffrey, Sailor und Lula bis auf weiteres auch die Empfindung des Unheimlichen. Jerslev schrieb: „Lynch zeigt die Auflösung der Grenzen, er zeigt, wie das Verdrängte immer wieder in verzerrter und oftmals destruktiver Form wiederkehrt."[378] Die nur partielle Auflösung der Grenzen zwischen dem Unbewussten und dem Bewusstsein wirkt sich aber für die Figuren deswegen destruktiv aus, weil die Rücknahme dieser Auflösung durch das Bewusstsein als schmerzliche Ernüchterung erfahren wird. Dies umso mehr, wenn die vorübergehende Auflösung durch eine umso stärkere Be- oder Ausgrenzung des Subjekts sanktioniert wird, etwa durch öffentliche Bloßstellung, Verhaftung und Internierung oder das eigene schlechte Gewissen. So kann auch der Tod als Überschreiten der letzten Grenze, eine Erlösung darstellen, wenn er die Verschmelzung mit dem Kosmos in Aussicht stellt, wie für den gläubigen Medardus. Wenn Nathanaels Kopf dagegen auf den Pflastersteinen zerschellt, erweckt dies unbehagliche Gefühle, weil sein Tod nicht als harmonische Lösung des Subjekt-Objekt-Problems geschildert wird, sondern als ultimative Objektivierung, als Ausgrenzung aus dem Reich der Lebenden.
Die Erinnerung an die Symbiose zwischen Subjekt und Objekt wird im Reifeprozess ins Unterbewusste verbannt und verheimlicht. Die Angst, die durch die Trennung der Symbiose entsteht, ist der Motor der Bewusstseinsbildung:

378 Jerslev, Anne: David Lynch. S.34.

„Angst ist ein Lehrer. Der erste, den Sie je hatten. Die Angst zu verhungern, brachte Sie erstmals dazu, Ihre Mutter anzulächeln. Angst sozial geächtet zu werden, zwang Sie dazu, es dem Vater recht machen zu wollen.“[379]

Diese Formulierung geht freilich von einer traditionellen Rollenverteilung er Bezugspersonen aus, die jedoch in den bürgerlichen Umfeldern vorherrscht, in denen die Werke Hoffmanns und Lynchs spielen. Lena Lindhoff schrieb auf Basis Jacques Lacans:

„Die Selbstidentifikation des Kindes erfolgt mittels eines anderen, der Mutter, die als Spiegel fungiert. Das heißt aber, daß das Subjekt seine Identität nicht in sich selbst, sondern außerhalb seiner selbst findet. Die Subjektkonstitution [...] ist von Beginn an von einer Ich-Spaltung begleitet. Das Subjekt versucht, diese Spaltung in seinem Selbstverständnis als autonomes Ich zu leugnen. Unter der Herrschaft dieser Leugnung erzeugt die Spiegelbeziehung Aggression, weil in ihr nicht beide Subjekte wesentlich sein können: zwei Individuen, *eine* Identität. Erst das Bewußtsein der konstitutiven Spaltung des Subjekts, das Wissen, daß es am Ursprung des Subjekts nichts als Spiegelung gibt, durchbricht diese Struktur.“[380]

Fred Madison dagegen ist, wie Nathanael, Frank Booth, Marietta und Bobby Peru, „nicht zu Ende geboren[e]“[381]. Die Figuren, die bei Hoffmann und Lynch scheitern, bleiben ihrem narzisstischen Irrtum verhaftet und versuchen aggressiv zu leugnen, dass sich in ihrem Liebes-Objekt die eigenen Bedürfnisse spiegeln, ohne von diesem notwendigerweise geteilt zu werden. Das Subjekt ist jedoch nicht autonom, sondern, das demonstrieren Hoffmanns Erzählungen, Lynchs Filme und Lacans Theorie[382], es bleibt auf die Kommunikation mit dem Objekt angewiesen.

„Die Imago [des Spiegelbildes] präsentiert eine optische Ganzheit, die der motorisch-körperlichen Dispersion entgegengesetzt und eben darum die Matrix ist, auf der das Kind zur scheinbaren Einheitsfunktion des Ich kommt. Das Ich von Freud dem Subjekt des Wahrnehmens und Erkennens gleichgesetzt, erweist sich, ein Objekt und zwar das Objekt eines Verkennens zu sein. Objekt einer narzißtischen Liebe, ist also, mit und gegen Hoffmann gesagt, ´das Phantom unseres Ichs`.“[383]

Allerdings halten die Erzählungen und die Filme die Möglichkeit offen, dass die phantastischen Phänomene, die auf unheimliche Weise in die Welt der Protagonisten eindringen, keine Manifestationen des Unterbewusstseins, sondern

379 Crane, Jonathan: Angst vor Erfolg. Aus dem Englischen von Steve Kups. Hamburg 2003.

380 Lindhoff, Lena: Einführung in die feministische Literaturtheorie. Stuttgart 1995. S.76.

381 Seeßlen, Georg: David Lynch und seine Filme. S.177.

382 Vgl. Lacan, Jacques: Das Spiegelstadium als Bildner der Ichfunktion. In: Jacques Lacan: Schriften I. Herausgegeben von Norbert Haas. Aus dem Französischen von Rodolphe Gasché u. a. Freiburg 1973. S.61-70.

383 Kittler, Friedrich A.: ´Das Phantom unseres Ichs` und die Literaturpsychologie: E.T.A. Hoffmann – Freud – Lacan. S.151-152.

externe Kräfte aus einer anderen Dimension sein könnten, Emissäre aus himmlischen und höllischen Sphären. Bemerkenswerterweise lassen sich aber zwischen den Mustern Freuds und Lacans und einer früheren, religionsphilosophischen Erklärung der Angst durch Søren Kierkegaard deutliche Parallelen feststellen. Nach Kierkegaard entsteht die Angst durch die Ahnung dessen, was jenseits des Paradieses, also jenseits des Horizonts der Unschuld, liegen könnte. In der religiösen Auffassung muss der Geist bereits in diesem Zustand im Menschen angelegt sein, da diese Eigenschaft ihn von dem unbeseelten Tier unterscheidet. Im paradiesischen Stadium der Unschuld ruht der Geist jedoch noch träumend im Menschen. Die Unschuld ist Unwissenheit, aber die Möglichkeit eines erwachenden Geistes stellt die beängstigende Frage: Unwissenheit wovon?

> „In der Unschuld ist der Mensch nicht als Geist, sondern seelisch bestimmt in unmittelbarer Einheit mit seiner Natürlichkeit. [...] In diesem Zustand gibt es Frieden und Ruhe, doch gleichzeitig noch etwas anderes, was nicht Unfriede und Streit ist, denn es gibt ja nichts, womit sich streiten ließe. Was ist es dann? Nichts? Doch welche Wirkung hat Nichts? Es gebiert Angst. Das tiefe Geheimnis der Unschuld besteht darin, daß sie gleichzeitig Angst ist. Träumend projektiert der Geist seine eigene Wirklichkeit, diese Wirklichkeit aber ist Nichts, und dieses Nichts sieht die Unschuld ständig vor sich.“ [384]

Erst der qualitative Sprung vom latenten zum erwachten Bewusstsein, im Alten Testament also die Erbsünde, führt von der unbestimmten Angst zur Furcht vor etwas konkretem.

Sowohl die Modelle Freuds und Lacans, als auch die christliche Philosophie Kierkegaards decken sich in der Kernaussage mit dem in Hoffmanns und Lynchs Werken vermittelten Weltbild: Die Herausbildung des Bewusstseins ist die Quelle von Angst und Furcht. Die Konstitution des Subjekts beginnt mit einer bedrohlichen Dissoziationserfahrung, mit der Vertreibung aus dem Paradies oder mit der gekappten Nabelschnur.

2. Der historische Deutungsansatz

E.T.A. Hoffmann wird in der Forschungsliteratur immer wieder als ein „Dichter der Zeitwende“[385] begriffen:

> „Hoffmann ist [...] noch vollständig im Zeitbewußtsein der Romantik verwurzelt [...], aus der er seine Lebenssäfte zieht. Doch als feinfühlender schöpferischer Geist spürte er mit der sicheren Intuition des Künstlers bereits die Morgenröte des anbrechenden Realismus. An der Schwelle eines neuen Zeitalters, an der Wende zweier entgegengesetzter Geistesrichtungen steht Hoffmann – wie seine Geschöpfe, selbst ein Janus mit zwei

---

384 Kierkegaard, Søren: Der Begriff Angst. Aus dem Dänischen von Gisela Perlet. Stuttgart 1992. S.50.

385 Reber, Natalie: Studien zum Motiv des Doppelgängers bei Dostojevskij und E.T.A. Hoffmann. S.216.

> Gesichtern: das eine der scheidenden Nacht, das andere dem dämmernden Morgen zugewendet."[386]

Oder in den Worten Lothar Köhns:

> "Er beklagt die Zeitverfallenheit des Wirklichen und findet doch im inneren Reich oder gar im Religiös-Transzendenten 'keinen Trost'. In Hoffmanns Werk werden so die Symptome besonders stark sichtbar, mit denen Hegel Perioden des historischen 'Übergangs' beschrieben hat. [...] Der Übergang ist die Periode der 'Zerrissenheit in sich'."[387]

Dagegen lässt sich freilich einwenden, dass sich eine Gesellschaft permanent im Übergang befindet; wenn sich auch der Umbruch in bestimmten Phasen revolutionärer äußern mag als in längeren, evolutionären Zeiträumen, so ist die Einteilung der Geschichte in Perioden doch immer behelfsmäßig und vereinfachend.
In jener 'Übergangszeit' zwischen Aufklärung, Romantik und Realismus nun wird verschiedentlich der Beginn der künstlerischen[388] wie der medizinischen Auseinandersetzung mit dissoziierten Persönlichkeiten verortet. So Daniela Langer in ihrer Analyse des Wahnsinns bei David Lynch:

> „Im Zusammenhang mit der Erklärung des Wahnsinns durch Milieu und Fortschritt ist es interessant zu sehen, daß die Schizophrenie eine Wahnsinnsform ist, die es vor dem 18. Jh. offensichtlich nicht gab. Entweder die Schizophrenie als mögliche Krankheit des Menschen brach erst bei Verlust der Intimsphäre in der industriellen Gesellschaft aus, oder der generelle Anstieg der Geisteskrankheiten durch den sozialen Wandel führte auch zu einem massiven Anstieg der bislang unbeachteten Schizophrenie, oder aber es gab diese Krankheit vorher tatsächlich nicht."[389]

Daniela Langer zufolge wäre die dissoziative Persönlichkeitsstörung, vormals als Schizophrenie geläufig, nicht nur in der Kunst, sondern auch in der Medizin ein Ausdruck jener Bedürfnisse, die in der Umbruchszeit der Aufklärung durch Verstädterung, Industrialisierung, Staatlichkeit, kurz, durch den so genannten Zivilisationsprozess verdrängt wurden.
Entgegen Langers Ausführungen gibt es aber keinen Grund, davon auszugehen, dass eine Krankheit, nur weil sie erst ab einem bestimmten Zeitpunkt diagnostiziert wird, auch erst von diesem Zeitpunkt an existiert. Stattdessen liegt es nahe, dass, nachdem bestimmte Symptome erst als Krankheit definiert wurden, diese Krankheit auch häufiger benannt wird. Das muss nicht im Umkehrschluss bedeuten, dass die Symptome erst Beachtung finden, weil sie häufiger auftauchen. Wahrscheinlich ist, dass man die Symptome der dissoziativen Persönlichkeitsstörung im Mittelalter

---

386 Ebd.

387 Köhn, Lothar: Vieldeutige Welt. S.230-231.

388 Vgl. Schwartz, Hillel: Déjà Vu. Die Welt im Zeitalter ihrer tatsächlichen Reproduzierbarkeit. Aus dem Amerikanischen von Helmut Ettinger. Berlin 2000. S.57.

389 Langer, Daniela: Die Wahrheit des Wahnsinns. S.70.

zum Beispiel einer dämonischen Besessenheit zuschrieb und die Kranken als Hexen oder Werwölfe bezeichnet wurden.[390] Tatsächlich wurde die ´Persönlichkeitsspaltung` von Medizinern erst ab Anfang des 19. Jahrhunderts diskutiert und noch heute ist höchst umstritten, ob diese Diagnose nicht vielmehr als Metapher ihren Anfang nahm, mit der Psychologen einen Konflikt ihrer Patienten erfassen wollten, der durchaus nicht im Unbewusstsein der Kranken lag – und ob diese Metapher nicht unter dem Einfluss einer literarischen Mode Einzug in die Medizin nahm. So gehen Hans Crombag und Harald Merckelbach in ihrer Kritik der Dissoziationshypothese davon aus, dass sich Pierre Janet (1859-1947), einer der Haupttheoretiker der ´multiplen Persönlichkeit`, weniger von den Fakten als von Autoren wie Robert Louis Stevenson und E.T.A. Hoffmann beeinflussen ließ.[391]
Ob nun die Literatur die Medizin dahingehend geprägt hat oder nicht - die These, die Triebverdrängung sei erst durch die Entwicklung der stadt- und staatsbürgerlichen Gesellschaft im 18. Jahrhundert so repressiv geworden, dass sie das Motiv der dissoziierten Persönlichkeit als Ventil brauche, ist nicht beweisbar. Gegen diese historische Festlegung spricht vielmehr, dass Vorgänge wie Industrialisierung, Urbanisierung und Vermassung die gesellschaftliche Repression des Trieblebens keineswegs vorantreiben. Eher sind gegenteilige Effekte erkennbar, wie sich schon an der sexuellen Revolution des 20. Jahrhunderts oder dem provinziellen Ruf der Großstadt als ´Sündenbabel` erkennen lässt. Die Vorstellung des ´ungehemmten Wilden` entspringt eher chauvinistischen Vorurteilen oder romantischen Projektionen.

> „Zunächst ist es einfach unzutreffend, daß die Mitglieder vorneuzeitlicher oder ´traditioneller` Gesellschaften, daß mittelalterliche Dorfbewohner oder Angehörige von ´Stammesgesellschaften` sich einer größeren Autonomie erfreut, daß sie unabhängiger voneinander und mit weniger gegenseitigen Verpflichtungen gelebt hätten, als sagen wir, moderne Großstadtbewohner. Im Gegenteil waren jene auf viel intimere Weise in engmaschigen sozialen Netzen eingebunden, in konsanguinalen und affinalen Verwandschaftsgruppen, Allianzsystemen, Alters-, Geschlechter-, Berufs- und Nachbarschaftsverbänden, Geheim- und Kriegergesellschaften integriert als die Menschen in modernen Gesellschaften. Dies bedeutet aber, daß die Einzelpersonen entgegen der Eliasschen Behauptung[392] *einer wesentlich effektiveren und unerbittlicheren sozialen Kontrolle unterworfen waren* als heute“[393].

390 Vgl. Grombag, Hans E.M. und Harald L.G. Merckelbach: Missbrauch vergisst man nicht. Erinnern und Verdrängen – Fehldiagnose und Fehlurteile. Aus dem Niederländischen von Dré de Man. Berlin 1997. S.224-288.

391 Ebd. S.154-158.

392 Gemeint ist die Zivilisationstheorie von Norbert Elias. Vgl. Elias, Norbert: Über den Prozeß der Zivilisation. Basel 1939.

393 Duerr, Hans Peter: Obszönität und Gewalt. Der Mythos vom Zivilisationsprozeß. Band 3. Frankfurt am Main 1995. S.26-27.

Das Motiv der dissoziierten Persönlichkeit lässt sich also nicht durch eine Intimitätstyrannei des aufstrebenden Bürgertums erklären.
Dennoch fällt auf, dass bestimmte Epochen offenbar besonders fruchtbar für eine breitere künstlerische Auseinandersetzung mit Persönlichkeitsspaltungen waren. In der deutschen Literatur gab es eine solche von den 1790er bis zu den 1820er Jahren etwa in Werken Jean Pauls („Siebenkäs"[394]), Tiecks („William Lovell"[395]), Brentanos („Die mehreren Wehmüller"[396]), Chamissos („Peter Schlemihls wundersame Geschichte"[397]), Kleists („Amphitryon"[398]), von Arnims („Der echte und der falsche Waldemar"[399]), Heines („William Ratcliff"[400]) und E.T.A. Hoffmanns.
Eine neue Blüte erlebte das Thema in den ersten drei Jahrzehnten des 20. Jahrhunderts durch Autoren wie Meyrink („Der Golem"[401]), Ewers („Alraune"[402]), Kaiser („Die Koralle"[403]), Scholz („Perpetua"[404]), Frank („Karl und Anna"[405]), Jacques („Dr. Mabuse. Medium des Bösen"[406]) und Gabelentz („Das Rätsel Coriander"[407]). Nach der NS-Diktatur taucht das Motiv in der westdeutschen Literatur der 1950er und 1960er Jahre noch einmal auf, aber mit einer entscheidenden Verschiebung, welche sowohl die phantastische Komponente als auch den Bereich der Psychopathologie weitgehend ausspart: Bei Dürrenmatt („Der Verdacht"[408]) und Grass („Die Blechtrommel"[409]) setzen die Figuren überlegt Masken der Harmlosigkeit auf, um sich ihrer Mitverantwortung am Nationalsozialismus zu entziehen. Bei Frisch versuchen Figuren bewusst der Festlegung auf stereotype,

---

394 Vgl. Jean Paul: Siebenkäs. In: Sämtliche Werke. Band 2. Siebenkäs. Herausgegeben von Norbert Miller. Hamburg 1995.

395 Vgl. Tieck, Ludwig: William Lovell In: Schriften. Band 6 und 7. William Lovell 1 und 2. Berlin 1828.

396 Vgl. Brentano, Clemens: Die mehreren Wehmüller und ungarischen Nationalgesichter. In: Frankfurter Brentano-Ausgabe. Band 19. Herausgegeben von Gerhard Kluge. Stuttgart; Berlin; Köln 2002.

397 Vgl. Chamisso, Adalbert von: Peter Schlemihls wundersame Geschichte. Nürnberg 1814.

398 Vgl. Amphitryon. In: Sämtliche Werke und Briefe. Herausgegeben von Roland Reuß und Peter Staengle. Band I. Dramen. Basel; Frankfurt am Main. 1988.

399 Vgl. Arnim, Achim von: Der echte und der falsche Waldemar. Berlin 1846.

400 Heine, Heinrich: William Ratcliff. In: Heinrich Heine. Historisch-kritische Gesamtausgabe der Werke. Band 5. Herausgegeben von Manfred Windfuhr. Hamburg 1978.

401 Meyrink, Gustav: Der Golem. In: Gesammelte Werke. Band 1. Der Golem. München 1982.

402 Ewers, Hanns Heinz: Alraune. München 1916.

403 Kaiser, Georg: Die Koralle. In: Werke in 3 Bänden. Herausgegeben von Klaus Kändler. Band 1. Dramen 1. Berlin; Weimar 1979.

404 Scholz, Wilhelm von: Perpetua. Berlin 1926.

405 Frank, Leonard: Karl und Anna. Berlin 1926.

406 Jacques, Norbert: Dr. Mabuse, der Spieler. Berlin 1922.

407 Gabelentz, Georg von der: Das Rätsel Choriander. Leipzig 1929.

408 Dürrenmatt, Friedrich: Der Verdacht. Ein Kriminalroman. In: Gesammelte Werke. Band 4. Romane. Herausgegeben in Zusammenarbeit mit dem Autor. Zürich 1996.

409 Grass, Günther: Die Blechtrommel. In: Werkausgabe in zehn Bänden.. Band II. Die Blechtrommel. Herausgegeben von Volker Neuhaus Darmstadt 1987.

zum Beispiel rassistisch („Andorra“[410]) konstruierte Rollen zu entgehen. Es handelt sich in diesen Werken eher um Auseinandersetzungen selbstbewusster Persönlichkeiten mit sozialen Rollenkonstruktionen, als um die Bewusstseinsstörung dissoziierter Persönlichkeiten. Erst in den späten 60er und frühen 70er Jahren findet sich dieser Konflikt wieder in Werken wie Ingeborg Bachmanns „Malina“[411].

Vom internationalen Film wurde das Motiv besonders in drei Phasen aufgegriffen: Zunächst im deutschen Stummfilm der 1910er und 1920er Jahre. Maßgebliche Werke waren „Der Student von Prag“[412] und das gleichnamige Remake von 1926[413], „Das Cabinet des Dr. Caligari“, „Unheimliche Geschichten“[414], „Schatten – Eine nächtliche Halluzination“[415], „Das Wachsfigurenkabinett“[416], „Geheimnisse einer Seele“[417] und „Alraune“[418].

Eine weitere Hochzeit brach im US-amerikanischen Film der späten 1950er Jahre an und dauerte etwa bis Mitte der 1960er Jahre, wobei in den Filmen bis 1960 die Persönlichkeitsspaltung meist übersinnlich oder durch Science Fiction motiviert wird (z.B. „Immer bei Anbruch der Nacht“[419], „Der Tod hat schwarze Krallen“[420], „Die Wespenfrau“[421]) und ab diesem Jahr psychologische oder pseudo-psychologische Erklärungen vorherrschen (z.B. „Was geschah wirklich mit Baby Jane“[422], „...immer Punkt 7“[423], „Der Puppenmörder“[424]) gibt. Den Wendepunkt zwischen beiden Tendenzen markierte im Jahr 1960 „Psycho“[425], ein großer Publikumserfolg Alfred Hitchcocks, in dessen früheren Werken dieses Motiv oft eine, allerdings meist weniger zentrale, Rolle spielte.

Erst in den 1990er Jahren gibt es eine neue Welle, die allerdings eine quantitativ bis dahin unerreichte Menge an Filmen zu diesem Thema hervorbringt, von denen hier nur einige der bemerkenswertesten genannt seien: „Donnie Darko“[426], „The Life and Death of Peter Sellers“[427], „American Psycho“[428], „Batman“[429], „Batmans

---

410 Frisch, Max: Andorra. In: Gesammelte Werke in zeitlicher Folge. Band IV (1957-1963). Frankfurt am Main 1998.

411 Bachmann, Ingeborg: Malina. Frankfurt am Main 1971.

412 Der Student von Prag. Deutschland 1913. Regie: Stellan Rye und Paul Wegener.

413 Der Student von Prag. Deutschland 1926. Regie: Henrik Galeen.

414 Unheimliche Geschichten. Deutschland 1919. Regie: Richard Oswald.

415 Schatten – Eine nächtliche Halluzination. Deutschland 1923. Regie: Arthur Robinson.

416 Das Wachsfigurenkabinett. Deutschland 1924. Regie: Paul Leni.

417 Geheimnisse einer Seele. Deutschland 1926. Regie: Georg Wilhelm Pabst.

418 Alraune. Deutschland 1927. Regie. Henrik Galeen.

419 The Vampire. USA 1957. Regie: Paul Landres.

420 I Was a Teenage Werewolf. USA 1957. Regie: Gene Fowler jr.

421 The Wasp Woman. USA 1959. Regie: Roger Corman.

422 Whatever happened to Baby Jane. USA 1962. Regie: Robert Aldrich.

423 The Couch. USA 1961. Regie: Owen Crump.

424 The Psychopath. USA 1965. Regie: Freddie Francis.

425 Psycho. USA 1960. Regie: Alfred Hitchcock.

426 Donnie Darko. USA 2001. Regie: Richard Kelly.

427 The Life and Death of Peter Sellers. USA 2004. Regie: Stephen Hopkins.

Rückkehr"[430], „Fight Club"[431], „Identity"[432], „Requiem"[433], „Klimt"[434], „Copykill"[435], „Being John Malkovich"[436], „Mary Reilly"[437], „Summer of Sam"[438], „Batman Begins"[439], „Die Schöne und das Biest"[440], „Das weiße Rauschen"[441], „Harry außer sich"[442], „Die üblichen Verdächtigen"[443], „Scream!"[444], „Scream 2"[445], „Hide and Seek"[446], „Wolf"[447], „Spiderman"[448], „Spiderman 2"[449], „Der Herr der Ringe – Die zwei Türme"[450], „Vergiss mein nicht"[451], „I ♥ Hucklebees"[452], „Das geheime Fenster"[453] und, nicht zuletzt, David Lynchs „Wild at Heart", „Lost Highway" und „Mulholland Drive".

> „Der [...] neu einsetzende Zyklus von 'Kopf-Filmen`, der um die Jahrtausendwende fast schon ein eigenes Genre ausprägte, kann als die neueste Version filmischer Antifiktionalität und Gegenhegemonialität verstanden werden."[454]

Was haben nun - außer der gehäuften künstlerischen Thematisierung dissoziierter Persönlichkeiten - die obig aufgelisteten Zeiträume und Schauplätze gemeinsam: Das deutsche Territorium zwischen den Einflüssen der französischen Revolution und der Reorganisation durch den Wiener Kongress, das Deutschland des zu Ende gehenden wilhelminischen Zeitalters und der Weimarer Republik, die USA zwischen der siegreichen Beendigung des 2. Weltkrieges und dem Beginn des Viet-

428 American Psycho. USA 2000. Regie: Mary Harron.
429 Batman. USA 1989. Regie: Tim Burton.
430 Batman Returns. USA 1992. Regie: Tim Burton.
431 Fight Club. USA 1999. Regie. David Fincher.
432 Identity. USA 2003. Regie: James Mangold.
433 Requiem. BRD 2006. Regie: Hans-Christian Schmid.
434 Klimt. AU; FR; BRD; GB 2006. Regie: Raoul Ruiz.
435 Copycat. USA 1995. Regie: Jon Amiel.
436 Being John Malkovich. USA 1999. Regie: Spike Jonze.
437 Mary Reilly. USA 1996. Regie: Stephen Frears.
438 Summer of Sam. USA 1999. Regie: Spike Lee.
439 Batman Begins. USA 2005. Regie: Christopher Nolan.
440 Beauty and the Beast. USA 1991. Regie: Gary Trousdale und Kirk Wise.
441 Das weiße Rauschen. BRD 2001. Regie: Hans Weingartner.
442 Deconstructing Harry. USA 1997. Regie. Woody Allen.
443 The Usual Suspects. USA 1995. Regie: Brian Singer.
444 Scream! USA 1996. Regie: Wes Craven.
445 Scream 2. USA 1997. Regie: Wes Craven.
446 Hide and Seek. USA 2005. Regie: John Polson.
447 Wolf. USA 1994. Regie: Mike Nichols.
448 Spiderman. USA 2002. Regie: Sam Raimi.
449 Spiderman 2. USA 2004. Regie: Sam Raimi.
450 The Lord of the Rings: The Two Towers. USA; NZ 2002. Regie: Peter Jackson.
451 Eternal Sunshine of the Spotless Mind. USA 2004. Regie: Michel Gondry.
452 I ♥ Hucklebees. USA 2004. Regie: David O' Russell.
453 Secret Window. USA 2004. Regie: David Koepp.
454 Füller, Ralfdieter: Fiktion und Antifiktion. S.239.

namkrieges, sowie Europa und die Vereinigen Staaten zwischen dem Ende des Kalten Krieges und dem 11. September 2001? Es handelt sich um Zeiten, in denen verschiedene politische Strömungen um die Hegemonie innerhalb eines gesellschaftlichen Systems streiten, ohne dass sich vorerst eine von ihnen dauerhaft und glaubwürdig genug etablieren könnte, um eine klare Dualität des offiziell gesellschaftlich erwünschten und des subversiven aufmachen zu können.
Anhand von „Das Cabinet des Dr. Caligari", der kurz nach dem Zusammenbruch des Kaiserreiches entstand, lässt sich beispielsweise aufzeigen, wie sich die ´revolutionären` Absichten der Drehbuchautoren und die ´reaktionäre` Gesinnung der Produzenten gegenseitig neutralisierten, so dass der Film keine klare Entscheidung darüber vermittelt, ob der gesellschaftlichen Instanz des Psychiaters oder der subjektiven Perspektive des Patienten zu trauen ist.[455]
Näher sei dieses Prinzip erläutert am Beispiel der Vereinigten Staaten in den späten 1950er Jahren, jener Ära, aus der Lynchs Filme einen so großen Teil ihrer Ikonographie nehmen. Die Bedrohung der Gesellschaft in US-amerikanischen Horrorfilmen und Thrillern ging bis zu dieser Zeit in der Regel noch von externen Quellen aus, von exotischen Monstern, Nazi-Spionen oder dem organisierten Verbrechen der Einwanderer in den Großstädten.

> „Der Siegeszug des Rock n' Roll erschütterte auch den Horrorfilm in seinen Grundfesten. Auf einmal schienen die alten Geschichten von Dracula und Frankenstein reichlich weltfremd, spießig gar: Wie konnte man die Warnungen noch ernst nehmen, wenn sie genau vor dem warnte[n], was man selber längst geworden war? Umgekehrt sahen natürlich auch die Produzenten, Regisseure und Autoren das Problem. Wie konnte man noch ernsthaft darauf bestehen, den Auflöser der Familie aus Transsylvanien kommen zu lassen, wo doch der eigentliche Auflöser ganz offensichtlich aus Tupelo/Mississippi stammte?"[456]

Als Reaktion auf die Rebellion der Jugendlichen wurden nun Filme gedreht wie „Der Tod hat schwarze Krallen", in denen ein schnell zorniger, aber im Grunde konformer und wohlmeinender Teenager vom Werwolf-Fluch getroffen wird.

> „Ort der Handlung war in den meisten Filmen eine amerikanische Kleinstadt [...] – aber Unsere kleine Stadt sah immerzu auf beklemmende Weise aus, als wäre am Tag zuvor ein Rassenhygienekommando vorbeigekommen, bevor die Dreharbeiten begannen "[457]

Die dissoziierte Persönlichkeit wird somit als tragisches Opfer einer Mutation dargestellt, ist aber gerade durch ihre ´animalische`, aufbegehrende Seite als Identifikationsfigur des jugendlichen Publikums aufgebaut. Der schockierende Effekt, den „Psycho" 1960 ausübte, war, dass die höfliche und prüde Filmfigur Norman

455 Vgl. Kracauer, Siegfried: Von Caligari zu Hitler. Frankfurt am Main 1979. S.76-77.
456 Stresau, Norbert: Der Horror-Film. S.143-144.
457 King, Stephen: Danse Macabre. Die Welt des Horrors. Aus dem Amerikanischen von Joachim Körber. München 2000. S.82-85.

Bates den konservativen Werten der 1950er Jahre völlig zu entsprechen schien, ja sogar einen läuternden Einfluss auf die ´fehlgeleitete`, sexuell rebellische junge Protagonistin auszuüben schien, um dann als Transvestit und Serienmörder enttarnt zu werden, zu dem Bates noch dazu unter dem Einfluss einer repressiven Erziehung geworden war.

> „Was der klassische Horrorfilm nur sehr verschlüsselt hätte schildern dürfen, legte *Psycho* dabei offen dar – einschließlich eines zunächst recht merkwürdig scheinenden Epilogs, in dem ein Psychiater dem Zuschauer das eben Erlebte aus psychoanalytischer Sicht noch einmal erklärte. [...] *Psycho* [gewährte] so Einblick in den Abgrund von Sex und Gewalt und verstellte ihn doch zur selben Zeit, reduzierte auf einen medizinischen Einzelfall, was in Wirklichkeit ein sehr viel umfassenderes moralisches Problem darstellte.“[458]

Die Werke E.T.A. Hoffmanns und David Lynchs sind in der Hinsicht weitaus radikaler, dass sie eine solche Erklärung vorenthalten. Bemerkenswerterweise wird von der Forschungsliteratur der Einfluss Hoffmanns auf Hitchcock herausgestrichen[459], ebenso wie der Einfluss Hitchcocks auf Lynch.[460]

Auffallend ist, dass die Problematik der dissoziierten Persönlichkeit in der Kunst deutlich seltener thematisiert wird, sobald sich eine Vormacht im System etabliert hat und die vorerst diffus schwelenden Konflikte zwischen zwei relativ deutlich voneinander abzugrenzende Lagern ausgetragen werden: So in Preußen und später im deutschen Kaiserreich von der Mitte bis zum Ende des 19. Jahrhunderts, so in der US-amerikanischen Gesellschaft der wieder abschwellenden Jugendrevolte bis einschließlich zur Präsidentschaft Reagans. In totalitären Systemen, die ihre Bürger ganz zu erfassen suchen, ist die dissoziierte Persönlichkeit als Thema unerwünscht: In der Propaganda des Nationalsozialismus wurde das Böse nicht als übersinnliches oder psychisches, sondern als externes und kontrollierbares Phänomen („das Judentum“) definiert. In der Sowjetunion wurde die gespaltene Persönlichkeit als Auswuchs westlicher Dekadenz betrachtet. In der spanischen Franco-Diktatur kam eine Reihe von Werwolf-Filmen bezeichnenderweise Anfang der 70er Jahre in die Kinos, als das Regime begann, sich liberaler zu geben.

Platons sokratischer Dialog „Politeia“[461], einer der grundlegenden Texte der europäischen Kulturauffassung, kann helfen, diese Beobachtungen auf eine abstrakte Formel zu bringen. Darin erläutert der Verfasser das Spannungsverhältnis, in dem sich jede Kultur zwischen Bewahrung und Veränderung

---

458 Stresau, Norbert: Der Horror-Film. S.154.

459 Vgl. Spoto, Donald: Alfred Hitchcock. Aus dem Amerikanischen von Bodo Fründt. Hamburg 1984. S.386.

460 Vgl. z. B. Fischer, Robert: Blue Velvet. In: Die besten Filme der 80er. Herausgegeben von Jürgen Müller. Köln 2005. S.168.

461 Vgl. Platon: Politeia. In: Sämtliche Werke. Bd. 2: Lysis, Symposion, Phaidon, Kleitophon, Politeia, Phaidros. Übersetzt von Friedrich Schleiermacher. Herausgegeben von Ursula Wolf. Hamburg 1994.

befindet. Die Paideia, die Erziehung, soll Platon zufolge die Wächter der Polis zum Nichtverstehen des Fremden und zum Verstehen des Vertrauten befähigen. Gegen jede Veränderung spricht zunächst, dass sie den Modus der bereits gesicherten Reproduktion in Gefahr bringt. Gleichzeitig liegt jedoch im Lernprozess an sich die Notwendigkeit von Veränderung begründet. Die Aneignung von neuem Wissen muss eine Unterscheidung zwischen Freund und Feind verkomplizieren. Diesem Paradoxon wird begegnet, indem in der Friedenszeit alle Freiheiten der Vieldeutigkeit gelten, dabei aber laufend überwacht und von einem generalisierten Verdacht in Klammern gesetzt werden.[462] Besonders Wissenschaft und Kunst, die auf Austausch und Reflexion angewiesen sind, schwächen scheinbar die Verteidigungsbereitschaft.

Die dissoziierte Persönlichkeit taucht als Motiv in Literatur und Film immer dann auf, wenn eine Kultur so viele oder so einschneidende neue Einflüsse verarbeiten muss, dass eine einfache Unterscheidung zwischen dem Zugehörigen und dem Fremden nicht mehr getroffen werden kann. Der individuellen, psychologischen Verwirrung über die Trennung von Subjekt und Objekt entspricht eine kulturelle, soziologische Verwirrung. In „Der goldne Topf" und „Blue Velvet" (dem, wie bereits erwähnt, eine Affinität zu den Reaganomics unterstellt wurde), wird das Böse noch als fremde Kraft ausgegrenzt, aber diese Unterscheidung wird bereits als märchenhafte Vereinfachung entlarvt. In „Die Elixiere des Teufels" und „Wild at Heart" verläuft die Grenze bereits durch die Hauptfiguren und in „Der Sandmann" und „Lost Highway" lassen sich Kategorien wie Gut und Böse endgültig nicht mehr anwenden. Während Hoffmanns Erzählungen die Begründung des bürgerlich-patriarchalischen Familien- und Gesellschaftsmodells voller Skepsis kommentieren, stellen Lynchs Filme 170 Jahre später den vorläufigen Niedergang dieser bürgerlichen Traditionen dar.

Hoffmanns Erzählungen und Lynchs Filme, in denen Persönlichkeiten und Kulturen so radikal dekonstruiert werden, dass sich kein verlässlicher Standpunkt des Überblicks mehr ausmachen lässt, erschienen noch dazu jeweils zu einer Zeit der medialen Revolution.

> „Die besonderen gesellschaftlich-politischen und geographischen Bedingungen haben in Deutschland [Ende des 18. Jahrhunderts] das Buch- und Blätterwesen so trefflich gedeihen lassen. [...] Es muß damals von der Literatur eine faszinierende, das Leben inszenierende Kraft ausgegangen sein, und man hat eine solche Kraft von ihr gefordert. [...] Literarische Handlungs- und Empfindungsmuster greifen [...] steuernd in die Lebensprozesse des lesenden Publikums ein. Lebens- und Leseerfahrungen beginnen sich so zu vermischen, daß man sie manchmal gar nicht mehr auseinanderhalten kann. [...] Einer Zeit, deren literarische Leidenschaft auch die Kunst der Selbstreflexion vorange-

---

462 Vgl. Baecker, Dirk: Kultur und Schrecklichkeit. In: Krieg und Kunst. Herausgegeben von Bazon Brock und Gerlinde Koschik. München 2002. S. 19 – 33.

> bracht hatte, konnte das Bedenkliche der Vermischung von Literatur und Lesen nicht verborgen bleiben. 'Wir sind aus Literatur gemacht`, konstatiert der junge Tieck."[463]

Was die Literatur durch die Presse und kontinuierlich höhere Auflagen für die deutschen Kleinstaaten jener Jahrhundertwende bedeutete, bedeutet der Film durch die Digitalisierung und das Internet für die Welt der Jahrtausendwende. In einer globalisierten Welt werden dieselben Filme über Nationengrenzen hinweg gesehen und konfrontieren ihr Publikum mit einer Vielfalt fremder Perspektiven - über das Internet auch in jenen Systemen, die ein verbindliches Selbstbild verordnen (so tauschen sich regimekritische Iraner in unzähligen Bloggs über raubkopierte US-Filme und den darin vermittelten Lebensstil aus). Während sich die Bürger in Hoffmanns Zeit zu abendlichen Vorlesezirkeln trafen, trifft man sich heutzutage zu DVD-Abenden. Wie zur Zeit Hoffmanns eine neue Zensur der Publikationsflut Herr zu werden versuchte, wird heute über die nahezu aussichtslose Kontrolle der Filmflut gesprochen. Auch von ihr befürchtet man verderbliche Auswirkungen auf die Jugend, weil diese die Unterscheidung zwischen Fiktion und Realität verlernen könne (in der Philosophie wird diese Theorie am wirkungsvollsten durch Jean Baudrillard vertreten[464]). Eben der Effekt, welchen die Erzählerfiguren Hoffmanns beschwören, ängstigt die Medienkritik. Und während Nathanael auf Franz Moor aus „Die Räuber"[465] anspielen kann, um seine Verfassung zu verdeutlichen[466], verweist Sailor auf Marlon Brando in „Der Mann in der Schlangenhaut".[467]
Die Versuche der Hoffmannschen und Lynchschen Protagonisten, verschiedene Rollen, Perspektiven und Welten zu koordinieren, welche immer auch ausdrücklich durch literarische, bzw. filmische Wurzeln gekennzeichnet sind, spiegelt somit die Versuche der Menschen wider, sich in einem verdichteten gesellschaftlichen Netzwerk zu orientieren, das vor allem durch die Medien verknüpft ist.

---

463 Safranski, Rüdiger: E.T.A. Hoffmann. S.54-58.

464 Vgl. Baudrillard, Jean: Der symbolische Tausch und der Tod. Aus dem Französischen von Gerd Bergfleth. München 1982.

465 Schiller, Friedrich von: Die Räuber. In: Schillers Werke. Erster Band. Dramen I. Textkritisch herausgegeben von Hubert Kraft. Frankfurt 1966.

466 Vgl. Der Sandmann. S.4.

467 The Fugitive Kind. USA 1960. Regie: Sidney Lumet.

FAZIT

Das durch die Hoffmannschen Erzählerfiguren in „Der goldne Topf", „Die Elixiere des Teufels" und „Der Sandmann" formulierte Ziel, die Distanz zwischen den literarischen Fiktionen und dem Bewusstsein des Lesers aufzulösen, spielt anhand dieser Beziehung die Grundproblematik der Werke durch: Dass die Definition eines Subjekts nur durch die Kommunikation mit einem Objekt möglich ist. Diese Distanz lässt sich allenfalls zeitweise verringern, aber nie auflösen, solange die Wahrnehmung im linearen Raum-Zeit-Kontinuum befangen bleibt. Weil das Subjekt immer an die Reflexion durch ein Objekt gebunden bleibt, ist es niemals autonom, sondern stets dissoziiert.

Die Figuren E.T.A. Hoffmanns, sowie die Figuren aus David Lynchs Filmen „Blue Velvet", „Wild at Heart" und „Lost Highway" leiden am Subjekt-Objekt-Problem. Sie sehnen sich in ein Stadium zurück, in dem sie ihrer Erinnerung nach diesen Konflikt noch nicht empfunden haben. Dieses Stadium korrespondiert meist mit religiösen, mythischen oder in Lynchs Fall auch nationalen Schöpfungs- bzw. Gründermythen. Im Vergleich zu der in kleine zeitliche und räumliche Einheiten parzellierten bürgerlichen Welt, wirkt es zeitlos und stellt eine kumulative Einheit von Natur und Mensch, Eltern und Kind dar. Dieses Paradies wird als die Kindheit der Figuren erinnert. Es wird durch den plötzlichen Entzug eines Liebesobjektes beendet (in „Der goldne Topf" ist eine solche Erinnerung der Nebenfigur des Archivars zugeordnet). Diese Distanz gestaltete sich äußerst traumatisch, weil die Subjekte durch ihr Begehren eines Objekts selbst zu Objekten von Hohn, Ausgrenzung oder körperlicher Misshandlung wurden.

Die Protagonisten versuchen von diesem Punkt an immer wieder, die Distanz zu einem Objekt ihres Verlangens aufzuheben. Dabei scheitern ihre Versuche, durch Blicke, Sprache, Gewalt und Sexualität, sowie das vorübergehende Eintauchen in Natur und Dunkelheit, eine Symbiose herzustellen, weil das jeweilige Objekt sie entweder ins Gefängnis der eigenen Subjektivität zurückweist oder ganz ausgelöscht wird. Die Dissoziation der Persönlichkeiten verdichtet sich in den Motiven des Spiegelbildes und des Doppelgängers.

Aus dieser Struktur auszubrechen, die durch das Element des Feuers symbolisiert wird, ist nur durch Entkörperlichung möglich – durch den Tod oder, wie in „Der goldne Topf", durch den Übergang in eine Märchenwelt. Die transzendenten Dimensionen werden auffallend häufig mit dem Element der Luft verbunden.

Um innerhalb des dissoziierten Raum-Zeit-Gefüges nicht objektiviert zu werden, kann sich bei Hoffmann die Haltung der romantischen Ironie als hilfreich erweisen. Bei Lynch könnte die Gründung einer neuen Familie auch eine neue Einheit stiften; die irreale Darstellungsweise dieser Lösung macht aber deutlich, dass es sich hierbei nur um eine Lösung auf Zeit handelt.

Die Dissoziation der Persönlichkeiten und des Raum-Zeit-Kontinuums werden in Literatur und Film durch eine multiperspektivische Erzählweise (bzw. Darstellung)

gelöst, deren verschiedene Blickwinkel sich soweit gegenseitig aufheben, dass keiner mehr zuverlässig erscheint.
Die Erzählungen Hoffmanns sagen aus, dass jenes wirkungsästhetische Ideal, das die Erzählerfiguren zu propagieren scheinen, dass die dionysische Lösung der apollinischen Subjekt-Objekt-Beziehungen unmöglich ist. Dies ändert sich auch nicht, seit das in den angeblichen Wünschen der Erzählerfiguren vorweggenommene Medium der bewegten Bilder real existiert.
Im Gegensatz zur Literatur, die sich ausschließlich durch den Text ausdrückt, verknüpft die Filmkunst verschiedene Ausdrucksformen in bewegten Bildern und auf der Tonspur. Diese haben keine gemeinsame ´Grammatik` und formen sich weniger zu einer gemeinsamen Sprache als zu einer gemeinsamen Ästhetik. Obwohl diese die sinnliche Wahrnehmung stärker beeinflusst, dringt auch der Film nicht so total in das Bewusstsein des Zuschauers ein, dass dieser in restloser Identifikation in die Filmwelt gezogen würde. Dies gilt umso mehr für die Filme Lynchs, die den Darstellungsprozess reflektieren, mit einer vergleichbar antifiktionalen Wirkung wie die Einlassungen der Hoffmannschen Erzählerfiguren.
Dass sowohl die Erzählungen Hoffmanns als auch die Filme David Lynchs aber dieselbe grundsätzliche Problematik auch mit einer ähnlichen, spiralförmigen Struktur und bemerkenswert vielen weiteren Übereinstimmungen thematisieren, ist weniger aufgrund der verschiedenen Medien, als vielmehr aufgrund der verschiedenen Entstehungszeiten dieser Kunstwerke bemerkenswert.
Ein Modell Robin Woods hätte den Vorzug, psychologischen und historischen Interpretationen dieser Beziehung ein ´gemeinsames Dach` zu geben.[468] Mit seiner Begrifflichkeit könnte man folgern, dass die eine Handlung erzählenden, bzw. darstellenden Kunstwerke zwei Schichten beinhalten. Wood zufolge macht *basic repression*, grundsätzliche Triebverdrängung den Unterschied zwischen Tier und Mensch aus, während er mit *surplus repression* eine kulturspezifische Restverdrängung bezeichnet (z. Bsp. die Verdrängung von Homosexualität). Schicht a beinhaltete demnach das Moment der *basic repression.* Unheimlich wären jene Triebe, die das soziale Zusammenleben von Menschen grundsätzlich unmöglich machen, werden sie nicht durch das furchtsame Bewusstsein verdrängt. Schicht b dagegen unterläge den Anpassungen einer dynamischen *surplus repression.*
Wenn jedoch die Gesellschaft sich immer heterogener darbietet und damit die Kriterien des zu verdrängenden und des zu applizierenden nicht mehr deutlich sind, äußert sich dies auch darin, dass Literatur und Film vermehrt auf das Motiv der dissoziierten Persönlichkeit zurückgreifen. Eine solche fruchtbare kulturelle oder sogar superkulturelle Verkomplizierung stellt sich besonders in Zeiten medialer Revolutionen ein. In Hoffmanns Fall war eine solche die Verbreitung deutscher Literatur in bis dahin nie da gewesenem Ausmaß, die durch das Kennenlernen anderer Standpunkte, den Austausch über Leseerfahrungen und nicht zuletzt durch

---

468 Vgl. Wood, Robin: An Introduction to the American Horror Film. In: American Nightmare. Toronto 1979. S. 7.

die deutsche Sprache zur nationalen Einheit beitrug. In Lynchs Fall ist eine solche die Verbreitung von Medien, vorzüglich Musik und Filmen, über das Internet, die durch eine oft gemeinsame Ikonographie, das Kennenlernen anderer Standpunkte und den Austausch über Hör- und Seherfahrungen zur Globalisierung beitragen.
Da es jedoch eine intersubjektive Wahrnehmung zumindest in dieser Welt nicht geben kann, täte man angesichts solcher Entwicklungen gut daran, die eigene Subjektivität zu reflektieren – unter anderem diese Erkenntnis ließe sich aus den Werken Hoffmanns und Lynchs ziehen.

BIBLIOGRAPHISCHE ANGABEN

PRIMÄRTEXTE

Hoffmann, E.T.A.: Die Elixiere des Teufels. In: E.T.A. Hoffmanns sämtliche Werke. Historisch-kritische Ausgabe. Zweiter Band: Die Elixiere des Teufels. Herausgegeben von Carl Georg von Maassen. München; Leipzig 1908.

Hoffmann, E.T.A.: Der goldne Topf. In: E.T.A. Hoffmanns sämtliche Werke. Historisch-kritische Ausgabe. Erster Band. Fantasiestücke in Callots Manier. Herausgegeben von Carl Georg von Maaßen. München/Leipzig 1908.

Hoffmann, E.T.A.: Der Sandmann. In: E.T.A. Hoffmanns sämtliche Werke.
Historisch-kritische Ausgabe. Dritter Band. Nachtstücke. Herausgegeben von Carl Georg von Maaßen. München/Leipzig 1909.

WEITERE LITERARISCHE WERKE

Bachmann, Ingeborg: Malina. Frankfurt am Main 1971.

Dürrenmatt, Friedrich: Der Verdacht. Ein Kriminalroman. In: Gesammelte Werke. Band 4. Romane. Herausgegeben in Zusammenarbeit mit dem Autor. Zürich 1996.

Eichendorff, Joseph Freiherr von: Wünschelrute. In: Werke und Schriften. Erster Band. Gedichte. Epen. Dramen. Herausgegeben von Gerhard Baumann. Stuttgart 1957.

Ewers, Hanns Heinz: Alraune. München 1916.

Frank, Leonard: Karl und Anna. Berlin 1926.

Frisch, Max: Andorra. In: Gesammelte Werke in zeitlicher Folge. Band IV (1957-1963). Frankfurt am Main 1998.

Gabelentz, Georg von der: Das Rätsel Choriander. Leipzig 1929.

Gifford, Barry: Wild at Heart. New York 1990.

Grass, Günther: Die Blechtrommel. In: Werkausgabe in zehn Bänden.. Band II. Die Blechtrommel. Herausgegeben von Volker Neuhaus Darmstadt 1987.

Grimm, Jacob und Wilhelm: Kinder- und Hausmärchen. Herausgegeben von Hans-Jörg Uther. München 1996.

Heine, Heinrich: William Ratcliff. In: Heinrich Heine. Historisch-kritische Gesamtausgabe der Werke. Band 5. Herausgegeben von Manfred Windfuhr. Hamburg1978.

Hoffmann, E.T.A.: Der Doppeltgänger. In: E.T.A. Hoffmanns Werke in fünfzehn Teilen. Zwölfter Teil: Letzte Erzählungen II. Herausgegeben von Georg Ellinger. Leipzig 1912.

Hoffmann, E. T. A.: Das Fräulein von Scuderi. In: E.T.A. Hoffmanns Werke in fünfzehn Teilen. Siebenter Teil. Die Serapionsbrüder – Dritter Band. Herausgegeben von Georg Ellinger. Leipzig 1910.

Jacques, Norbert: Dr. Mabuse, der Spieler. Berlin 1922.

Kaiser, Georg: Die Koralle. In: Werke in 3 Bänden. Herausgegeben von Klaus Kändler. Band 1. Dramen 1. Berlin; Weimar 1979.

Meyrink, Gustav: Der Golem. In: Gesammelte Werke. Band 1. Der Golem. München 1982.

Novalis: Wenn nicht mehr Zahlen und Figuren… In: Sämtliche Werke. Zweiter Band.

Herausgegeben von Ernst Kamnitzer. München 1923.

Poe, Edgar Allan: Der Maelstrom. In: Novellen des Todes. Übersetzung o. A. Weimar 1917. S. 64-91.

Publius Ovidius Naso: Metamorphosen. 3. Buch, Verse 427-239. Übersetzt und herausgegeben von Michael von Albrecht, Stuttgart 1994

Schiller, Friedrich von: Die Räuber. In: Schillers Werke. Erster Band. Dramen I. Textkritisch herausgegeben von Hubert Kraft. Frankfurt 1966.

Scholz, Wilhelm von: Perpetua. Berlin 1926.

WISSENSCHAFTLICHE LITERATUR

Althaus, Michael: Von der Bläue des Blaus. In: Frankfurter Allgemeine Zeitung. 22. 9.2005. Nr. 221. S. 39.

Althen, Michael: Die Leute mit den Scherenhänden. In: Frankfurter Allgemeine Zeitung. 27.Juli 2002, Nr. 146. S. 53.

Apel, Friedmar: Deutscher Geist und deutsche Landschaft. Eine Topographie. München 1998.

Bähr, Ulrich: 'Dealing with the human form`: Deformation als ambigue Zeichen künstlerischer Freiheit und zerstörerischer Macht. In: 'A Strange World`. Das Universum des David Lynch. Herausgegeben von Eckhard Pabst. Kiel 2005.

Barg, Werner: Hinter dem roten Vorhang. Notizen zum Kino der Grausamkeit in den Filmen David Lynchs. In: 'A Strange World`. Das Universum des David Lynch. Herausgegeben von Eckhard Pabst. Kiel 2005.

Barthes, Roland: Der entgegenkommende und der stumpfe Sinn. Aus dem Französischen von Dieter Hornig. Frankfurt am Main 1990.

Barthes, Roland: Rhetorik des Bildes. In: Schiwy, Günther: Der französische Strukturalismus. Mode, Methode, Ideologie. Mit einem Anhang von Texten von de Saussure, Lévi-Strauss, Barthes, Goldmann, Sebag, Althusser, Foucault, Sartre, Ricceur, Hugo Friedrich. Reinbek 1984.

Barthes, Roland: Der Tod des Autors. Aus dem Französischen von Matías Martínez. In: Jannidis Fotis (Hrsg.): Texte zur Theorie der Autorschaft. Stuttgart 2000.

Bazin, André: Die Evolution der Filmsprache. Aus dem Französischen von Barbara Peymann. In: Materialien zur Theorie des Films. Ästhetik, Soziologie, Politik. Herausgegeben von Dieter Prokop. München 1971.

Baecker, Dirk: Kultur und Schrecklichkeit. In: Krieg und Kunst. Herausgegeben von Bazon Brock und Gerlinde Koschik. München 2002.

Baudrillard, Jean: Der symbolische Tausch und der Tod. Aus dem Französischen von Gerd Bergfleth. München 1982.

Bentele, Günther: Der Zoom – eine filmsemiotische Untersuchung. In: Zeichenkonstitution. Akten des 2. Semiotischen Kolloquiums Regensburg 1978. Band 2. Herausgegeben von Annemarie Lange-Seidl. West-Berlin; New York 1981.

Beyer, Friedemann: Peter Lorre. Seine Filme – sein Leben. München 1988.

Boehm, Gottfried: Zu einer Hermeneutik des Bildes. In: Die Hermeneutik und die Wissenschaften. Herausgegeben von Hans-Georg Gadamer und Gottfried Boehm. Frankfurt am Main 1978.

Bronow, Jochen: Sprechende Bilder und sichtbare Worte oder Die schwarze Leinwand. In:

Ernst, Gustaf (Hg.): Sprache im Film. Wien 1994.

Blumenberg, Hans: Paradigmen zu einer Metaphorologie. In: Archiv für Begriffsgeschichte. Herausgegeben von Erich Rothacker. Band 6. Bonn 1969.

Chion, Michel: David Lynch. London 1995.

Crane, Jonathan: Angst vor Erfolg. Aus dem Amerikanischen von Steve Kups. Hamburg 2003.

Deleuze, Gilles: Das Zeit-Bild. Kino 2. Aus dem Französischen von Klaus Englert. Frankfurt am Main 1997.

Derrida, Jacques: Grammatologie. Aus dem Französischen von Hans-Jörg Rheinberger und Hanns Zischler. Frankfurt am Main 1983.

Deterding, Klaus: Magie des Poetischen Raums. E.T.A. Hoffmanns Dichtung und Weltbild. Heidelberg 1999.

Dillkofer, Katrin: Was wird hier gespielt? In: Gal.la Uriol. Berlin 2006.

Driesen, Albrecht: Das Spiegel-Bild in Erzählungen E.T.A. Hoffmanns. Poetologie eines literarischen Spiegelkabinetts. Taunusstein 1999.

Duerr, Hans Peter: Obszönität und Gewalt. Der Mythos vom Zivilisationsprozeß. Band 3. Frankfurt am Main 1993.

Eco, Umberto: Einige Proben: Der Film und das Problem der zeitgenössischen Malerei. In: Texte zur Theorie des Films. Herausgegeben von Franz-Josef Albersmeier. Stuttgart 1998.

Eisenstein, Sergeij, Wsewolod I. Pudowkin und Grigorij W. Alexandrow: Manifest zum Tonfilm. Aus dem Russischen von Dieter Prokop. In:.Texte zur Theorie des Films. Herausgegeben von Franz-Josef Albersmeier. Stuttgart 1998

Elias, Norbert: Über den Prozeß der Zivilisation. Basel 1939.

Faulstich, Werner: Auf dem Weg zur totalen Mediengesellschaft: Kleiner Überblick über Daten, Zahlen, Trends der 80er Jahre mit Exkursen zu *Delta der Venus*, *Blue Velvet* und *Alf*. In: Aufbruch in die Neunziger: Idee, Entwicklungen, Perspektiven der achtziger Jahre. Herausgegeben von Christian W. Thomsen. Köln, 1991.

Faulstich, Werner: Einführung in die Filmanalyse. Tübingen 1980.

Fichte, Johann Gottlieb: Die Bestimmung des Menschen. In: Fichtes Werke. Band II: Zur theoretischen Philosophie II. Herausgegeben von Immanuel Hermann Fichte. Berlin 1971.

Fichte, Johann Gottlieb: Nachgelassene Werke. Herausgegeben von J. H. Fichte. Band 1. Leipzig 1834.

Fischer, Robert: Blue Velvet. In: Die besten Filme der 80er. Herausgegeben von Jürgen Müller. Köln 2005.

Fischer, Robert: David Lynch. Die dunkle Seite der Seele. München 1992.

Foucault, Michel: Wahnsinn und Gesellschaft. Eine Geschichte des Wahns im Zeitalter der Vernunft. Aus dem Französischen von Ulrich Köppen. Frankfurt am Main 1973.

Freud, Sigmund: Das Unheimliche (1919). In: Alexander Mitscherlich, Angela Richards und James Strachey (Hrsg.): Sigmund Freud. Studienausgabe. Band IV: Psychologische Schriften. Frankfurt am Main 1970.

Füller, Ralfdieter: Fiktion und Antifiktion: Die Filme David Lynchs und der Kulturprozeß im Amerika der 1980er und 90er Jahre. Trier 2001.

Graevenitz, Gerhart von: Die Setzung des Subjekts. Untersuchungen zur Romantheorie. Tübingen 1973.

Grimm, Petra: Erzählstrategien der Gewalt und Sieg der Konvention. In: 'A Strange World'. Das Universum des David Lynch. Herausgegeben von Eckhard Pabst. Kiel 2005.

Grombag, Hans E.M. und Harald L.G. Merckelbach: Missbrauch vergisst man nicht. Erinnern und Verdrängen – Fehldiagnose und Fehlurteile. Aus dem Niederländischen von Dré de Man. Berlin 1997.

Haas, Willy: Wortdichtung im Film? In: Die Literarische Welt vom 27. 7. 1928. Zitiert nach: Willy Haas: Der Kritiker als Mitproduzent. Texte zum Film 1920 – 1933. Berlin 1991.

Hahn, Ronald M. und Volker Jansen: Lexikon des Horror-Films. Bergisch-Gladbach 1989.

Hattemer, Matthias: Das erdichtete Ich: Zur Gattungspoetik der fiktiven Autobiographie bei Grimmelshausen, E. T. A. Hoffmann, Thomas Mann und Rainer Maria Rilke. Frankfurt am Main; Bern; New York; Paris 1989.

Harbers, Stefan: Amerikanische Gesellschaftsbilder in den Filmen David Lynchs. Oldenburg 1996.

Hegel, Georg Wilhelm Friedrich: Ästhetik. Band 1. Herausgegeben von Friedrich Bassenve. Berlin 1955.

Heydebreck, Hans: Fire walk with me. Feuer, Wasser, Erde, Luft: Die Elemente in den Filmen David Lynchs. In: 'A strange world'. Das Universum des David Lynch. Herausgegeben von Eckhard Pabst. Kiel 2005.

Hillebrand, Sabine: Strategien der Verwirrung. Mainz 1997.

Hoberman, J. und Jonathan Rosenbaum: Midnight Movies. New York 1991. Übersetzung von: Robert Fischer. Zitiert nach: Fischer, Robert: David Lynch. Die dunkle Seite der Seele. München 1992. S.215.

Hoang, Youn-Ju Ko: Vermittlung von „Visual Literacy" durch Computeranimation im Kunstunterricht. Berlin 2000.

Hohoff, Ulrich: E. T. A. Hoffmann: Der Sandmann. Textkritik, Edition, Kommentar. Berlin; New York 1988.

Hottinger, Lukas: Spiralige Schalen. In: Die Spirale im menschlichen Leben und in der Natur - eine interdisziplinäre Schau. Herausgegeben von Hans Hartmann und Hans Mislin. Basel 1985.

Hroß, Gerhard: Escape to Fear. Der Horror des John Carpenter. München 2000.

Husserl, Edmund: Husserliana X. Zur Phänomenologie des inneren Zeitbewusstseins. Herausgegeben von Rudolf Boehm. Den Haag. 1969.

Husserl, Edmund: Phantasie, Bildbewußtsein, Erinnerung. In: Elisabeth Ströker (Hrsg.): Edmund Husserl. Gesammelte Schriften. Band 23. Hamburg 1992.

Jacob, Lars: Bildschrift – Schriftbild. Zu einer eidetischen Fundierung von Erkenntnistheorie im modernen Roman. Würzburg 2000.

Jaffé, Aniela: Bilder und Symbole aus E.T.A. Hoffmanns Märchen Der Goldne Topf. In: Gestaltungen des Unbewußten. Psychologische Abhandlungen. Band VII. Zürich 1967.

Jerslev, Anne: David Lynch. Mentale Landschaften. Aus dem Dänischen von Lise V. Smidth. Wien 1996.

Jerslev, Anne: „You'll never have me." Visualität und 'gendered meaning' bei David Lynch. Aus dem Dänischen von Lars Worgull. In: „A Strange World".Das Universum des David Lynch. Herausgegeben von Eckhard Pabst. Kiel 2005.

Juhnke, Karl: Filmwissenschaft und oder als Motivforschung. In: Jörg Türschmann und Annette Paatz (Hrsg.): Medienbilder. Dokumentation des 13. Film- und Fernsehwissenschaftlichen

Kolloquiums an der Georg-August-Universität Göttingen Oktober 2000. Hamburg 2001.

Jung, Carl Gustav: Paracelsus als Arzt. In: Gesammelte Werke. Band 15. Herausgegeben von Lena Hurwitz-Eisner, Marianne Niehus-Jung und Franz Riklin. Freiburg 1971.

Kant, Immanuel: Kritik der reinen Vernunft. In: Werke. Band II: Kritik der reinen Vernunft. Herausgegeben von Wilhelm Weischedel. Darmstadt 1998.

Kanzog; Klaus: Einführung in die Filmphilologie. Mit Beiträgen von Kirsten Burghardt, Ludwig Bauer und Michael Schaudig. München 1991.

Kerlen, Dietrich: Edgar Allan Poe. Der schwarze Duft der Schwermut. Berlin 1999.

Kierkegaard, Søren: Der Begriff Angst. Aus dem Dänischen von Gisela Perlet. Stuttgart 1992.

King, Stephen: Danse Macabre. Die Welt des Horrors. Aus dem Amerikanischen von Joachim Körber. München 2000.

Kittler, Friedrich A.: ´Das Phantom unseres Ichs` und die Literaturpsychologie: E.T.A. Hoffmann – Freud – Lacan. In: Urszenen. Literaturwissenschaft als Diskursanaylse und Diskurskritik. Herausgegeben von Friedrich A. Kittler und Horst Turk. Frankfurt am Main 1977.

Köhn, Lothar: Vieldeutige Welt. Studien zur Struktur der Erzählungen E. T. A. Hoffmanns und zur Entwicklung seines Werkes. Tübingen 1966.

Koll, Gerald: Say: ´Fuck me!` Invitation to Love. Frauen, ERotik und deR veRgewaltigende Buchstabe. In: ´A Strange World`. Das Universum des David Lynch. Herausgegeben von Eckhard Pabst. Kiel 2005.

Kracauer, Siegfried: Von Caligari zu Hitler. Frankfurt am Main 1979.

Krah, Hans: ´Menschliche Redeakte` und ´wahrhafte Zeichen`. Zum Status von Sprache in den augenscheinlich bild- und blickzentrierten Welten David Lynchs. In: Eckhard Pabst (Hrsg.): ´A Strange World`. Das Universum des David Lynch. Herausgegeben von Eckhard Pabst. Kiel 2005.

Kuzniar, Alice A.: ´Ears Looking at You: E. T. A. Hoffmann's The Sandman and David Lynch's Blue Velvet. In: South Atlantic Review. 54 (1989). S. 7 – 21.

Lacan, Jacques: Das Spiegelstadium als Bildner der Ichfunktion. In: Jacques Lacan. Schriften I. Herausgegeben von Norbert Haas. Aus dem Französischen von Rodolphe Gasché. Freiburg 1973.

Lahde, Maurice: ´We live inside a dream`. David Lynchs Filme als Traumerfahrungen. In: ´A Strange World`. Das Universum des David Lynch. Herausgegeben von Eckhard Pabst. Kiel 2005.

Langer, Daniela: Die Wahrheit des Wahnsinns. Zum Verhältnis von Identität, Wahnsinn und Gesellschaft in den Filmen David Lynchs. In: ´A Strange World`. Das Universum des David Lynch. Herausgegeben von Eckhard Pabst. Kiel 2005.

Leiß, Pekka: Das Bild des Hundes in den Filmen von David Lynch. In: ´A Strange World.`

Lessing, Gotthold Ephraim: Laokoon oder über die Grenzen der Malerei und Poesie. In: Gotthold Ephraim Lessing. Gesammelte Werke. Band 2. Herausgegeben von Wolfgang Stammler. München 1959. S.781.

Lindhoff, Lena: Einführung in die feministische Literaturtheorie. Stuttgart 1995.

Ludwig, Hans-Werner und Werner Faulstich: Erzählperspektive empirisch. Untersuchungen zur Rezeptionsrelevanz narrativer Strukturen. Tübingen 1985.

Lynch, David: Lynch über Lynch. Herausgegeben von Chris Rodley. Frankfurt 1998.

Mecke, Christoph: Lost Highway. In: Filmgenres. Kriminalfilm. Herausgegeben von Knut Hickethier unter Mitarbeit von Katja Schumann. Stuttgart 2005.

Metz, Christian: Probleme der Detonation im Spielfilm. 1968. Aus dem Französischen von Renate Koch. In: Texte zur Theorie des Films. Herausgegeben von Franz-Josef Albersmeier. Stuttgart 1998.

Momberger, Manfred: Sonne und Punsch. Die Dissemination des romantischen Kunstbegriffs bei E.T.A. Hoffmann. München 1986.

Nehring, Wolfgang: Hoffmanns Erzählwerk: Ein Modell und seine Variationen. Zeitschrift für Deutsche Philologie. 95. 1976. S.3-24.

Neidhart, Didi: From Blue Velvet Underground to Wild Mainstream. Zur Funktion der Popsongs in den Filmen BLUE VELVET, WILD AT HEART und LOST HIGHWAY. In: 'A Strange World`. Das Universum des David Lynch. Herausgegeben von Eckhard Pabst. Kiel 2005.

Opl, Eberhardt: Das filmische Zeichen als kommunikationswissenschaftliches Phänomen. München 1990.

Paech, Joachim: Vor-Schriften – In-Schriften – Nach-Schriften. In: Sprache im Film.

Paefgen, Elisabeth K.: Einführung in die Literaturdidaktik. Stuttgart 2006.

Paefgen, Elisabeth K. und **Ulla Reichelt**: Seh-Schule und lecture-Kanon. Überlegungen zu einer Film-Literatur-Kanonbildung. In: ide – Informationen zur Deutschdidaktik. Heft 4 (2003). S.36 – 44.

Pabst, Eckhard: 'He will look where we cannot`. Raum und Architektur in den Filmen. David Lynchs. In: 'A Strange World`. Das Universum des David Lynch. Herausgegeben von Eckhard Pabst. Kiel 2005.

Pauleit, Winfried: Filmstandbilder zwischen Theorie- und Kunstanspruch. In: Medienbilder. Dokumentation des 13. Film- und Fernsehwissenschaftlichen Kolloquiums an der Georg-August-Universität Göttingen Oktober 2000. Herausgegeben von Jörg Türschmann und Annette Paatz. Hamburg 2001.

Peirce, Charles Sanders: Phänomen und Logik der Zeichen. Aus dem Englischen von Helmut Pape. Herausgegeben von Helmut Pape. Frankfurt am Main 1983.

Peters, J. M.: Die Struktur der Filmsprache. In: Texte zur Theorie des Films. Herausgegeben von Franz-Josef Albersmeier. Stuttgart 1998.

Pietsch, Volker: Body Snatchers. Recycling in Hollywood. In: Christian W. Thomsen und Angela Krewani (Hrsg.): Hollywood. Recent Developments. Stuttgart; London 2005.

Platon: Politeia. In: Sämtliche Werke. Bd. 2: Lysis, Symposion, Phaidon, Kleitophon, Politeia, Phaidros. Übersetzt von Friedrich Schleiermacher. Herausgegeben von Ursula Wolf. Hamburg 1994.

Preuß, Karin: The Question of Madness in the Works of E. T. A. Hoffmann and Mary Shelley. With Particular Reference to *Frankenstein* and *Der Sandmann*. Frankfurt am Main 2003.

Pudowkin, Wsewolod I.: Filmregie und Filmmanuskript. Einführung zur ersten deutschen Ausgabe. Aus dem Russischen von Leonore Kündig. In: Texte zur Theorie des Films. Herausgegeben von Franz-Josef Albersmeier. Stuttgart 1998.

Puknus, Heinz: Dualismus und versuchte Versöhnung. Hoffmanns zwei Welten vom 'Goldnen Topf` bis 'Meister Floh`. In: Text + Kritik. Sonderband. E.T.A. Hoffmann. München 1992.

Reber, Natalie: Studien zum Motiv des Doppelgängers bei Dostojevskij und E. T. A.

Hoffmann. Gießen 1964.

Reh, Albert M.: Literatur und Psychologie. Berlin 1998.

Robnik, Drehli: Außengeräusche. Das Intervall, das Sprechen, das Wohnen, das Sound Design und das Ganze in den Filmen von David Lynch. In: ´A Strange World`.

Rohrwasser, Michael: Optik und Politik. Die Figur des Zauberers bei E.T.A. Hoffmann. In: Text + Kritik. Zeitschrift für Literatur. Sonderband. E.T.A. Hoffmann. Herausgegeben von Heinz Ludwig Arnold. München 1992.

Safranski, Rüdiger: E. T. A. Hoffmann. Das Leben eines skeptischen Phantasten. Frankfurt am Main 2005.

Sarris, Andrew: Notes on the Auteur Theory in 1962. In: Film Culture 27. Winter 1962-63. S. 1-8.

Sauer, Lieselotte: Marionetten. Maschinen. Automaten. Der künstliche Mensch in der deutschen und englischen Romantik. Bonn 1983.

Saussure, Ferdinand de: Grundlagen der Allgemeinen Sprachwissenschaft. Herausgegeben und aus dem Französischen von Hermann Lommel. Berlin 1967.

Schifferle, Hans: Die 100 besten Horror-Filme. München 1994.

Schmid, Hans: Fenster zum Tod. Der Raum im Horrorfilm. München 1993.

Schwartz, Hillel: Déjà Vu. Die Welt im Zeitalter ihrer tatsächlichen Reproduzierbarkeit. Aus dem Amerikanischen von Helmut Ettinger. Berlin 2000.

Schwarz, Olaf: ´The owls are not what they seem.` Zur Funktionalität ´fantastischer` Elemente in den Filmen David Lynchs. In: ´A Strange World`. Das Universum des David Lynch. Herausgegeben von Eckhard Pabst. Kiel 2005.

Seeßlen, Georg: Ein endlos geflochtenes Band. In: Frankfurter Rundschau. 11. April 1997. S.15.

Seeßlen, Georg: David Lynch und seine Filme. Marburg 2000.

Šklovskij, Victor B.: Poesie und Prosa im Film. In: Texte zur Theorie des Films. Herausgegeben von Franz-Josef Albersmeier. Stuttgart 1998.

Speck, Oliver C.: Der subjektive Blick. Zum Problem der unter-sagten Perspektive im Film. St. Ingbert 1999. S.74.

Spielmann, Yvonne: Aspekte einer ästhetischen Theorie der Intermedialität. In: Heinz-B. Heller, Matthias Kraus, Thomas Meder, Karl Prümm und Hartmut Winkler (Hrsg.): Über Bilder sprechen. Positionen und Perspektiven der Medienwissenschaft.

Spoto, Donald: The Dark Side of Genius: The Life of Alfred Hitchcock. New York 1983.

Steinecke, Hartmut: Nachwort. In: Hoffmann, E. T. A.: Der goldne Topf. Ein Märchen aus der neuen Zeit. Stuttgart 1993.

Stiasny, Kurt: E.T.A. Hoffmann und die Alchemie. Aachen 1997.

Stresau, Norbert: Der Horror-Film. Von Dracula zum Zombie-Schocker. München 1987.

Taylor, Henry M.: Spektakel und Symbiose: Kino als Gebärmutter – Thesen zur Funktion des Tons im gegenwärtigen Mainstream-Kino. In: Cinema. 37. 1997. S. 93-96.

Thompson, Kristin: Breaking the Glass Armor: Neoformalist Film Analysis. Princeton 1988.

Truffaut, Francois: Mr. Hitchcock, wie haben Sie das gemacht? Aus dem Französischen von Frieda Grafe. München 1990.

Vertov, Dziga: Wir. Variante eines Manifestes. In: Texte zur Theorie des Films. Herausgegeben von Franz-Josef Albersmeier. Stuttgart 1998.

Vogel, Nikolai: E.T.A. Hoffmanns Erzählung *Der Sandmann* als Interpretation der Interpretation. Frankfurt am Main 1998.

Weizsäcker, Victor von: Die Gestalt. Halle; Saale 1942.

Wood, Robin: An Introduction to the American Horror Film. In: American Nightmare. Toronto 1979.

Wührl, Paul-Wolfgang: E. T. A. Hoffmann. Der goldne Topf. Die Utopie einer ästhetischen Existenz. Paderborn; München; Wien; Zürich 1988.

PRIMÄRFILME

Blue Velvet. USA 1985. Regie: David Lynch.
Lost Highway. USA 1996. Regie: David Lynch.
Wild at Heart – Die Geschichte von Sailor und Lula (Wild at Heart). USA 1990. Regie: David Lynch.

WEITERE FILMISCHE WERKE

Alraune. Deutschland 1927. Regie. Henrik Galeen.

American Psycho. USA 2000. Regie: Mary Harron.

Batman. USA 1989. Regie: Tim Burton.

Batman Begins. USA 2005. Regie: Christopher Nolan.

Batmans Rückkehr (Batman Returns). USA 1992. Regie: Tim Burton.

Being John Malkovich. USA 1999. Regie: Spike Jonze.

The Blair Witch Project. USA 1999. Regie: Daniel Myrick und Eduardo Sánchez.

Das Cabinet des Dr. Caligari. Deutschland, 1920. Regie: Robert Wiene.

Cardillac. BRD 1968. Regie: Edgar Reitz.

Cocktail für eine Leiche (Rope). USA 1948. Regie: Alfred Hitchcock.

Copykill (Copycat). USA 1995. Regie: Jon Amiel.

...denn sie wissen nicht, was sie tun (Rebel without a cause). USA, 1955. Regie: Nicholas Ray.

Donnie Darko. USA 2001. Regie: Richard Kelly.

Dr. Jekyll und Mr. Hyde (Dr. Jekyll and Mr. Hyde). USA 1931. Regie: Rouben Mamoulian.

Dr. Seltsam oder Wie ich lernte, die Bombe zu lieben (Dr. Strangelove or How I Learned To Stop Worrying and Love the Bomb). USA 1964. Regie: Stanley Kubrick.

Die Elixiere des Teufels. BRD 1976. Regie: Manfred Purzer.

Fight Club. USA 1999. Regie. David Fincher.

Das Fräulein von Scuderi. DDR; Schweden 1955. Regie: Eugen York.

Das geheime Fenster (Secret Window). USA 2004. Regie: David Koepp.

Geheimnisse einer Seele. Deutschland 1926. Regie: Georg Wilhelm Pabst.

Der große Diktator (The Great Dictator). USA, 1940. Regie: Charles Chaplin.

Halloween – Die Nacht des Grauens (Halloween). USA, 1978. Regie: John Carpenter.

Harry außer sich (Deconstructing Harry). USA 1997. Regie. Woody Allen.

Der Herr der Ringe – Die zwei Türme (The Lord of the Rings: The Two Towers). USA; NZ 2002. Regie: Peter Jackson.

Hide and Seek. USA 2005. Regie: John Polson.

Hoffmanns Erzählungen (The Tales of Hoffmann). England 1951. Regie: Michael Powell und Emeric Pressburger.

Identity. USA 2003. Regie: James Mangold.

I ♥ Hucklebees. USA 2004. Regie: David O' Russell.

Immer bei Anbruch der Nacht (The Vampire). USA 1957. Regie: Paul Landres.

…immer Punkt 7 (The Couch). USA 1961. Regie: Owen Crump.

The Life and Death of Peter Sellers. USA 2004. Regie: Stephen Hopkins.

Klimt. AU; FR; BRD; GB 2006. Regie: Raoul Ruiz.

Krieg der Sterne (Star Wars – Episode IV: A New Hope). USA 1977. Regie: George Lucas.

Der letzte Mann. Deutschland, 1924. Regie: Fritz Lang.

Lichter der Großstadt. City Lights, USA, 1931. Regie: Charles Chaplin.

Making Of… Mulholland Drive. FR/USA, 2002. Regie: o. A.

Manche mögen's heiß (Some Like it Hot). USA, 1959. Regie: Billy Wilder.

Mann beißt Hund (C'est arrivé près de chez vous). Belgien 1992. Regie: Rémy Belvaux.

Der Mann in der Schlangenhaut (The Fugitive Kind). USA 1960. Regie: Sidney Lumet.

Mary Reilly. USA 1996. Regie: Stephen Frears.

Mulholland Drive. USA, 2000. Regie: David Lynch.

Moderne Zeiten. (Modern Times). USA, 1936. Regie: Charles Chaplin.

Mysteries Of Love. USA 2002. Regie: Jeffrey Schwarz

Die Nacht der lebenden Toten (The Night of the Living Dead). USA 1968. Regie: George A. Romero.

Nanuk, der Eskimo (Nanook of the North). USA 1921. Regie: Robert J. Flaherty.

Nosferatu – Eine Symphonie des Grauens. Deutschland 1922. Regie: Friedrich Wilhelm Murnau.

Polyester. USA, 1981. Regie: John Waters

Psycho. USA 1960. Regie: Alfred Hitchcock.

Der Puppenmörder (The Psychopath). USA 1965. Regie: Freddie Francis.

Requiem. BRD 2006. Regie: Hans-Christian Schmid.

Schatten – Eine nächtliche Halluzination. Deutschland 1923. Regie: Arthur Robinson.

Die Schöne und das Biest (Beauty and the Beast). USA 1991. Regie: Gary Trousdale und Kirk Wise.

Schrei, wenn der Tingler kommt (The Tinger) USA 1959. Regie: William Castle.

Scream! USA 1996. Regie: Wes Craven.

Scream 2. USA 1997. Regie: Wes Craven.

Das Schweigen der Lämmer (The Silence of the Lambs). USA 1991. Regie: Jonathan Demme.

Spiderman. USA 2002. Regie: Sam Raimi.

Spiderman 2. USA 2004. Regie: Sam Raimi.

Die Spur des Falken (The Maltese Falcon). USA 1941. Regie: John Huston.

Der Student von Prag. Deutschland 1913. Regie: Stellan Rye und Paul Wegener.

Der Student von Prag. Deutschland 1926. Regie: Henrik Galeen.

Summer of Sam. USA 1999. Regie: Spike Lee.

Der Tod hat schwarze Krallen (I Was a Teenage Werewolf). USA 1957. Regie: Gene Fowler jr.

Twin Peaks [TV-Serie]. USA 1989 – 1991. Regie: Diverse.

Twin Peaks – Fire Walk With Me. USA 1992. Regie: David Lynch.

Die üblichen Verdächtigen (The Usual Suspects). USA 1995. Regie: Brian Singer.

Unheimliche Geschichten. Deutschland 1919. Regie: Richard Oswald.

Der unsichtbare Dritte (North by Northwest). USA, 1959. Regie: Alfred Hitchcock.

Vergiss mein nicht (Eternal Sunshine of the Spotless Mind). USA 2004. Regie: Michel Gondry.

Das Wachsfigurenkabinett. Deutschland 1924. Regie: Paul Leni.

Was geschah wirklich mit Baby Jane? (Whatever happened to Baby Jane?). USA 1962. Regie: Robert Aldrich.

Das weiße Rauschen. BRD 2001. Regie: Hans Weingartner.

Die Wespenfrau (The Wasp Woman). USA 1959. Regie: Roger Corman.

Wolf. USA 1994. Regie: Mike Nichols.

Der Wüstenplanet (Dune). USA, 1984. Regie: David Lynch.

Das zauberhafte Land (The Wizard of Oz). USA, 1939. Regie: Victor Fleming.

Zehn Tage, die die Welt erschütterten (Krasnyje Kolokola – Ja Widel Roshdenije No wowo Mira). UdSSR; Mexiko; Italien 1922. Regie: Sergej Bondartschuk und Antonio Saguera.

WEITERE MEDIEN

Katholisches Institut für Medieninformation und Katholische Filmkommission für Deutschland (Hrsg.): Lexikon des internationalen Films auf CD-Rom. Köln; Bonn 1996.

Werbung des Aufbau-Verlages zu Dave Kings Roman „Homecoming“. In: Der SPIEGEL 15/2006.

Peter Lang · Internationaler Verlag der Wissenschaften

Ortwin Rosner

Körper und Diskurs

Zur Thematisierung des Unbewußten in der Literatur anhand von E. T. A. Hoffmanns *Der Sandmann*

Frankfurt am Main, Berlin, Bern, Bruxelles, New York, Oxford, Wien, 2006.
322 S.
Europäische Hochschulschriften: Reihe 1, Deutsche Sprache und Literatur.
Bd. 1937
ISBN 978-3-631-54873-8 · br. € 59.70*

„Nathanael ist wahnsinnig", „Nathanael leidet an Realitätsverkennung" – solche Urteile und Diagnosen bestimmen grundlegend die Rezeption des legendären wie rätselhaften Textes *Der Sandmann* von E. T. A. Hoffmann. Sich dagegen zu wenden ist ein wesentlicher Antrieb dieser diskurskritischen Interpretation. Sie greift dabei in origineller Weise auf Texte der Psychiatrie- und Psychoanalysekritik, insbesondere auf den *Anti-Ödipus* von Gilles Deleuze und Felix Guattari, zurück. Der Autor entwickelt in dieser Studie eine umfassende und detaillierte Analyse des *Sandmanns*, untersucht das Verhältnis von Körper und Sprache und kommt dabei zu einem überraschenden Ergebnis: die Beziehungen der Personen der Erzählung sind zutiefst von der Struktur des *Mißbrauchs* geprägt.

Aus dem Inhalt: E. T. A. Hoffmanns *Sandmann* · Seine Rezeptionsgeschichte · Psychoanalyse und Psychoanalysekritik (Deleuze) · Körpermaschinen und Sprache · Verhältnis von Körper und Literatur · Diskursanalyse und Diskurskritik · Analyse der Mechanismen von diskursiver Ausgrenzung, verbaler Gewalt und von Mißbrauch

Frankfurt am Main · Berlin · Bern · Bruxelles · New York · Oxford · Wien
Auslieferung: Verlag Peter Lang AG
Moosstr. 1, CH-2542 Pieterlen
Telefax 00 41 (0) 32 / 376 17 27

*inklusive der in Deutschland gültigen Mehrwertsteuer
Preisänderungen vorbehalten

Homepage http://www.peterlang.de